PRÉCIS

sur

LA NATIONALITÉ

LÉGISLATION FRANÇAISE ET DROIT INTERNATIONAL

AVEC COMMENTAIRE DE LA LOI DU 26 JUIN 1889

Spécialement à l'usage des Étudiants de 1re et de 3e Année

PAR MM.

C. MONNOT ET A. BONDÉ

DOCTEURS EN DROIT

Prix : 2 fr. 50

PARIS

LIBRAIRIE NOUVELLE DE DROIT ET DE JURISPRUDENCE

ARTHUR ROUSSEAU, ÉDITEUR

14, RUE SOUFFLOT, ET RUE TOULLIER, 13

1890

PRÉCIS

SUR

LA NATIONALITÉ

PRÉCIS

SUR

LA NATIONALITÉ

LÉGISLATION FRANÇAISE ET DROIT INTERNATIONAL

AVEC COMMENTAIRE DE LA LOI DU 26 JUIN 1889

Spécialement à l'usage des Etudiants de 1re et de 3e Année

PAR MM.

C. MONNOT et A. BONDE

DOCTEURS EN DROIT.

PARIS

LIBRAIRIE NOUVELLE DE DROIT ET DE JURISPRUDENCE

ARTHUR ROUSSEAU, ÉDITEUR

14, RUE SOUFFLOT, ET RUE TOULLIER, 13

—

1890

PRÉFACE

Nous avons cherché à résumer sous une forme claire, méthodique et substantielle les principes généraux sur la nationalité, soit au point de vue de la loi française, soit au point de vue des lois étrangères et des conflits qui peuvent naître de la différence des législations.

L'analyse que nous avons dû faire, pour notre instruction personnelle, de la nouvelle loi de 1889 sur la nationalité, nous a amenés à rédiger ce travail que nous destinons spécialement aux étudiants en droit de nos Facultés.

Cette petite publication comprend trois parties : dans la première partie nous ne nous occupons que de la législation française ; dans la seconde, nous examinons les législations étrangères et les conflits de lois auxquels elles peuvent donner lieu ; enfin dans la troisième, nous traitons des changements de nationalité par annexion de territoire.

De ces trois parties, la première, la plus importante, intéresse les étudiants en droit de première et de troisième année, la seconde et la troisième partie s'adressent aux seuls étudiants de troisième année.

Bien que dans notre travail nous ayons eu principalement en vue les étudiants en droit, nous croyons, néanmoins, que cette étude pourra être consultée avec quelque profit par tous ceux qui, dans l'administration, auront à un titre quelconque à appliquer la loi du 26 juin 1889.

Nous nous sommes efforcés de donner de cette loi, sous une forme brève et concise, un commentaire aussi complet que possible.

De peur de surcharger le texte et de détourner l'esprit du lecteur de l'enchainement des idées, nous avons rejeté en notes certains développements, ainsi que l'examen de questions secondaires.

Enfin, nous avons établi un classement parmi ces notes, en faisant imprimer en caractères italiques, celles qui nous ont paru inutiles pour le candidat aux examens.

C. MONNOT.   A. BONDE.

INTRODUCTION

La loi du 26 juin 1889 sur la nationalité est une manifestation nouvelle de la tendance qu'accusent aujourd'hui la plupart des peuples de faciliter aux étrangers l'accès de la nationalité dans les différents pays.

Autant autrefois un peuple était jaloux de sa nationalité, autant aujourd'hui il en semble prodigue.

D'où vient cette différence ? et comment expliquer les systèmes qui ont été admis relativement à la nationalité aux différentes époques de l'histoire ?

Rome n'a connu que le *jus sanguinis :* le fils recevait de son père sa nationalité. Et comment en aurait-il été autrement avec cette antique conception de la famille dans laquelle le père était tout et le fils n'était rien, dans laquelle le fils était pour ainsi dire la chose du père presque au même titre que l'esclave était celle du maître, dans laquelle le père en mourant laissait à son fils avec son nom, sa fortune, ses dettes et la charge des *sacra ?*

Le fils était bien alors, dans toute la force de cette acception : *le continuateur de la personne du défunt.* Il recueillait ses droits, était tenu de ses obligations ; et les dettes de la succession fussent-elles supérieures à l'actif, il devait les acquitter intégralement ; sinon, les biens étaient vendus sous le nom du fils et c'était lui qui encourait l'infamie. Telle était du moins la rigueur du droit primitif. Le *delicta majorum immeritus lues* s'appliquait alors dans toute sa brutalité.

Le fils était aussi le continuateur de la religion de la famille ; il devenait le pontife du culte vénéré des ancêtres ; il continuait le sacerdoce de son père. N'était-il pas logique qu'il continuât sa nationalité ?

Quant à l'étranger, les idées d'exclusivisme qui avaient cours à cette époque ne permettaient pas qu'on lui donnât une place au foyer, qu'on l'associât aux avantages de la Cité.

Pendant longtemps le même mot servit à désigner les étrangers et les ennemis : ils étaient les *hostes*. Aussi la qualité de *Citoyen romain* était-elle une insigne faveur, aussi ne pouvait-elle être concédée que par le peuple ou le Sénat et plus tard par l'empereur. A celui qui n'était pas *citoyen romain* de naissance il fallait pour obtenir ce titre de *civis romanus* l'intervention de la plus haute autorité qui fût alors.

Si de l'époque romaine nous passons à l'époque féodale, nous voyons apparaître une autre théorie.

L'homme n'est plus la chose de son *pater familias*, il est la chose de la terre. Là où il est né, là est sa patrie, quels que soient ses liens du sang. C'est la théorie du *jus soli*.

Le Seigneur étend son autorité souveraine sur toutes les personnes et tous les biens compris dans les limites de sa Seigneurie. Tout individu né dans ses domaines est son homme ; tout individu né sur un autre territoire est étranger.

Le *forain* (l'individu qui vient d'une autre seigneurie) a un délai d'an et jour pour *s'avouer* l'homme de son Seigneur. S'il remplit cette obligation, il est assimilé, suivant sa condition antérieure, à un gentilhomme ou à un vilain. Faute d'*aveu*, il devient le serf de son Seigneur.

L'*aubain* (celui qui vient d'un pays étranger) doit également s'*avouer* l'homme du Seigneur. Mais, si son *aveu* est refusé, il tombe dans la condition servile la plus dure.

Du reste, peu à peu le pouvoir royal revendiqua pour l'étranger le droit de faire son *aveu* au roi, de se recla·mer de lui. Mais l'étranger restait toujours l'aubain : il pouvait acquérir et disposer entre vifs, mais il restait incapable de recueillir et de transmettre par testament ou par succession *ab intestat*. Le droit d'aubaine, au lieu de s'exercer au profit du Seigneur, s'exerçait désormais au profit du roi.

C'est aussi le roi qui, par des *lettres de naturalité*, délivrées en grande chancellerie, accordait à l'étranger la qualité de Français.

Avec la Révolution, l'homme n'est plus la chose de son père, pas plus qu'il n'est l'accessoire de la terre ; il est, pour ainsi dire, le citoyen du monde. C'est le moment où l'on déclame l'antienne de la fraternité des peuples, en même temps que l'on décrète la loi des suspects.

Ces idées se traduisent dans la législation par la suppression du droit d'aubaine et par une très grande facilité accordée à l'étranger pour devenir Français.

Est admis à l'exercice des droits de citoyen français « *tout étranger âgé de vingt et un ans accomplis qui,* » *domicilié en France depuis une année, y vit de son* » *travail, ou acquiert une propriété, ou épouse une* » *Française, ou adopte un enfant, ou nourrit un* » *vieillard, tout étranger enfin qui sera jugé par le* » *corps législatif, avoir bien mérité de l'humanité.* »

Le législateur de 1804, sans méconnaître ce qu'il y avait de généreux dans certaines idées de la Révolution, chercha à leur donner une portée pratique en écartant ce qui touchait au rêve et à l'utopie.

L'homme, sans redevenir la chose de son père ou

l'accessoire de la terre, cesse d'être le citoyen du monde : il est simplement l'être libre en qui s'affirme la personnalité humaine et dont la nationalité se détermine d'après l'affinité présumée de ses sentiments.

L'enfant reçoit en naissant la nationalité de ses auteurs, car il est censé avoir pour leur patrie la même affection, le même attachement qu'eux.

La naissance sur le sol français est aussi un élément dont tient compte le législateur de 1804. Sans doute le fait de naître accidentellement sur le sol français ne peut exercer aucune influence sur les sentiments de l'enfant. Mais il est rare que l'enfant naisse au cours d'un voyage ; habituellement il naît là où sont établis ses parents, là où ils ont le centre de leurs intérêts et de leurs affections. Et qui ne sait que de tous les sentiments qui nous font aimer la Patrie, un des plus puissants est l'amour du sol natal ? Aussi les rédacteurs du Code civil ont-ils facilité à l'enfant né en France l'acquisition de la qualité de Français.

Quant aux étrangers ordinaires, ils peuvent devenir Français, mais ils ont besoin pour cela d'un stage de 10 ans et d'un décret du chef de l'Etat (décret de 1809) : l'intervention gouvernementale est exigée. C'est un retour en arrière sur la législation de la période révolutionnaire.

La condition de l'étranger est aussi modifiée : il continue à pouvoir transmettre par succession et par testament, mais il ne peut recevoir ni par succession, ni par testament, ni même par donation, à moins que dans son pays la faculté de recueillir à ces divers titres ne soit accordée aux Français.

Le législateur de 1819, pour des raisons d'un ordre économique, crut devoir accorder à l'étranger d'une façon absolue le droit de recueillir par succession, donation ou legs.

La situation de l'étranger résidant en France fut dès lors pour beaucoup une situation très enviable.

Les étrangers fixés chez nous jouissaient de presque tous les avantages accordés aux Français au point de vue du droit civil. Quant aux droits politiques, s'ils en étaient privés, cette privation ne leur était pas toujours sensible et se trouvait pour ceux qui n'étaient pas chau vins largement compensée par la dispense du service militaire.

Un tel état de choses blessait le sentiment égalitaire, si profondément développé en France, et du reste aurait pu être pour nous au point de vue militaire une cause d'infériorité vis à vis de l'étranger à cette époque d'armées nationales, alors surtout que l'augmentation de la population en France suit une progression presque nulle comparée à l'accroissement rapide qui se produit chez nos puissants voisins.

C'est ce que comprirent le législateur de 1851, et plus tard celui de 1874 et enfin celui de 1889.

C'est toujours d'après l'affinité présumée des sentiments que se détermine la nationalité des individus ; mais à ceux chez qui ces sentiments ne sont pas assez développés pour les décider à faire choix d'une patrie, .la loi leur en impose une, en même temps qu'elle réalise l'unité de la famille, en donnant autant que possible à tous ses membres la même patrie et qu'elle facilite à ceux qui n'ont pas d'attache avec la France l'accès de la nationalité française.

La loi du 26 juin 1889 nous paraîtrait à peu près parfaite, si elle avait été rédigée en une forme un peu mieux étudiée. Le législateur moderne s'est placé au vrai point de vue pour fixer la nationalité : l'homme a désormais une patrie conforme à ses sentiments ou à tout le moins aux sentiments qu'il devrait avoir.

DE LA NATIONALITÉ

PREMIÈRE PARTIE

LÉGISLATION FRANÇAISE [1]

Cette première partie comprendra deux chapitres : dans le premier, nous parlerons de l'acquisition de la qualité de Français ; dans le deuxième, de la perte de cette qualité.

CHAPITRE I

ACQUISITION DE LA QUALITÉ DE FRANÇAIS

On est Français :

1° Par la naissance ;
2° Par le bienfait de la loi ;
3 Par la naturalisation ;
4° Par l'annexion à la France d'un territoire étranger.

---

[1] Cette première partie de notre travail s'adresse aux étudiants en droit de 1re et de 3e année ; ainsi que nous l'avons dit dans notre préface.

I. — FRANÇAIS PAR LA NAISSANCE.

Quelle nationalité reçoit un enfant en naissant?

La réponse à cette question n'a pas été la même chez tous les peuples ni à toutes les époques.

Théoriquement on conçoit sur ce point trois systèmes :

1er Système. — L'enfant acquerrait en naissant la nationalité de ses parents. — C'est le *jus sanguinis*.

2e Système. — L'enfant emprunterait au pays de sa naissance sa nationalité. — C'est le *jus soli*.

3e Système. — Il consisterait dans une combinaison du *jus sanguinis* et du *jus soli*.

Ces trois systèmes ont été en effet appliqués.

A Rome, le premier système était admis : l'enfant acquérait la nationalité de ses parents ; on n'attribuait aucun effet au lieu de la naissance.

Dans notre ancienne France, c'est au contraire le *jus soli* qui a régné :

« On ne considère pas, disait Pothier, si ceux qui
» naissent en France sont nés de parents français ou de
» parents étrangers, si les étrangers sont domiciliés
» dans le royaume où s'ils n'y sont que passagers. La
» seule naissance dans le royaume donne les droits de
» naturalité indépendamment de l'origine des père et
» mère et de leur demeure » (1).

Pourtant notre ancienne jurisprudence avait fini par accorder une certaine influence au *jus sanguinis*, et Pothier constate lui-même que dans son temps on considérait comme Français et ceux qui étaient nés en France, quelle que fût la nationalité de leurs auteurs, et ceux qui étaient nés à l'étranger de parents français.

---

(1) Pothier, Traité des personnes, part. 1, tit. 2, sect. 1, no 45.

C'est ce système que nous trouvons en vigueur au moment de la promulgation du Code civil.

Que fait le législateur de 1804 ? Il revient au système romain, au système du *jus sanguinis*, tout en attachant une certaine importance au *jus soli*, c'est-à-dire qu'il adopte le 3e système que nous avons indiqué, mais en donnant la principale part au *jus sanguinis*.

La voie ouverte par le législateur de 1804 a été suivie depuis par ceux qui ont complété et modifié son œuvre. C'est toujours d'après la nationalité des parents qu'est déterminée la nationalité de l'enfant, mais une part de plus en plus grande est faite au *jus soli*.

Étudions donc la législation du Code civil avec les modifications qui y ont été apportées.

SONT FRANÇAIS PAR LA NAISSANCE :

1° Tout individu né d'un Français ;

2° Tout individu né en France de parents inconnus ou dont la nationalité est inconnue ;

3° Tout individu né en France d'un étranger qui lui-même y est né ;

4° Tout individu né en France d'un étranger (qui n'y est pas né), si cet individu est domicilié en France à l'époque de sa majorité.

— 1° Tout individu né d'un Français en France ou à l'étranger — (art. 8).

L'ancien texte disait : (art. 10) *né d'un Français à l'étranger* (1), il ne parlait pas de l'enfant né en France

---

(1) *Cette rédaction vicieuse s'explique historiquement. Si l'ancien art. 10, ne parlait pas des enfants nés en France d'un Français, c'est qu'au moment où il était rédigé, on admettait encore l'ancien principe d'après lequel étaient français tous les enfants nés en France, soit d'un Français, soit d'un étranger. Puis on abandonna ce principe, mais on oublia de corriger l'art. 10.*

Nous rappelons ici que les notes imprimées en caractères italiques, peuvent être négligées par les étudiants.

d'un Français. Le nouveau texte est mieux rédigé et du reste conforme à ce qui était déjà admis universellement.

Mais comment un enfant prouvera-t-il la nationalité française de son père ?

L'importance de cette question est bien diminuée aujourd'hui, puisqu'il suffit que deux générations soient nées en France, pour que la nationalité française, ainsi que nous l'expliquerons plus loin, soit acquise aux intéressés.

Mais à défaut de ce fait de la naissance de deux générations sur le sol français, la jurisprudence et la majorité des auteurs admettent l'enfant à établir, à l'aide de la possession d'état, la nationalité française de son père.

Au besoin il pourrait aussi faire cette preuve en démontrant qu'un de ses ancêtres est né en France avant la promulgation du Code civil, puisqu'alors le seul fait de la naissance sur le sol français conférait la nationalité française.

Comment déterminera-t-on la nationalité de l'enfant, si l'un de ses deux auteurs n'est pas Français (1) ?

Pas de difficulté pour le cas où l'enfant est légitime : il suivra la condition de son père.

Quand l'enfant est naturel, la loi nouvelle du 26 juin 1889 sur la nationalité pose la règle suivante, qui met fin à d'anciennes controverses : « *L'enfant naturel, dit* » *le nouvel art. 8, dont la filiation est établie* pendant » la minorité, *par reconnaissance ou par jugement,* » *suit la nationalité de celui des parents à l'égard* » *duquel la preuve a d'abord été faite. Si elle résulte*

---

(1) Il n'est pas impossible, en effet, que les auteurs de l'enfant aient chacun une patrie distincte. Citons à titre d'exemple les cas suivants :

1° Pendant le mariage, la femme, avec l'autorisation de son mari, acquiert une nationalité étrangère ;

2° La femme conserve sa nationalité française, alors que le mari se fait naturaliser seul à l'étranger ;

3° En cas d'annexion, l'un des deux époux exerce seul le droit d'option.

» *pour le père ou* (1) *la mère du même acte ou du*
» *même jugement, l'enfant suivra la nationalité du*
» *père* (2) ».

Quant à l'enfant naturel dont la filiation ne sera établie qu'après sa majorité, il sera Français s'il est né en France, étranger dans le cas contraire. Cette conséquence nous parait résulter a contrario de l'art. 8 (3).

Nous venons de voir que pour déterminer la nationalité d'un enfant, il faut s'attacher à la nationalité de l'un de ses auteurs, en général du père.

Mais si l'auteur dont l'enfant suit la condition a changé de nationalité entre le moment de la conception et celui de la naissance, quelle sera la nationalité qui sera imposée à l'enfant ? Sera-ce celle de la naissance ? Celle de la conception ? Ou même celle du temps intermédiaire ?

1er Système. — Il faut envisager la nationalité de l'auteur au moment de la naissance.

2e Système. — Si l'enfant suit la condition du père, il faut l'envisager au moment de la conception ; s'il suit

---

(1) La loi a voulu dire : *et.*

(2) Avant la loi nouvelle la jurisprudence décidait que l'enfant reconnu par le père et par la mère suivait toujours la condition du père, alors même que l'enfant avait été d'abord reconnu par la mère. Ce système avait le grave inconvénient de laisser en suspens la condition de l'enfant, tant qu'il n'était pas reconnu par le père.

En doctrine certains auteurs s'inspirant du droit romain et de notre ancien droit donnaient toujours à l'enfant naturel la nationalité de la mère.

(3) *Il n'en est pas moins bizarre de considérer comme non Français l'enfant naturel né à l'étranger et reconnu peu après sa majorité, par un Français. — La loi, si toutefois sa rédaction est intentionnelle, a voulu probablement éviter les conflits ; car cet enfant aura acquis jure soli, la nationalité du lieu de sa naissance, comme né de père et de mère inconnus. Il aurait peut-être été logique de restreindre cette solution au cas où l'enfant serait domicilié à l'étranger au moment de sa majorité. S'il était né à l'étranger au cours d'un voyage de sa mère, et s'il avait toujours depuis habité la France ne conviendrait-il pas de lui conférer la nationalité française, au moins à partir de la reconnaissance faite par l'un de ses auteurs français ?*

celle de la mère on devra l'envisager au moment de la naissance (Système romain).

3e Système. — On applique la maxime : *Infans conceptus pro nato habetur quoties de commodis ejus agitur*, c'est-à-dire que l'enfant est Français toutes les fois que l'auteur dont il suit la nationalité a été Français à un moment quelconque de la grossesse.

Ce dernier système, étant donné le silence du Code sur ce point, nous paraît devoir être admis de préférence.

2° Tout individu né en France de parents inconnus ou dont la nationalité est inconnue.

Ce second cas ne demande aucun développement.

3° Tout individu né en France d'un étranger qui lui-même y est né.

La loi ne distinguant pas, nous dirons qu'il est Français alors même que lui et son auteur seraient nés accidentellement en France (1). Nous dirons également qu'il est Français alors même qu'un seul de ses auteurs serait né en France.

Sous l'empire de la loi de 1851, l'enfant né en France d'un étranger, qui lui-même y était né, n'était pas Français malgré lui ; il n'était Français qu'autant que dans l'année de sa majorité, il ne réclamait pas sa qualité d'étranger. Une loi de 1874 restreignit ce droit d'option : il ne pouvait se soustraire à la nationalité française qu'en justifiant qu'il avait conservé sa nationalité d'origine.

Aujourd'hui il est Français qu'il le veuille ou qu'il ne le veuille pas.

---

(1) Exception pourtant doit être faite pour les étrangers dont la naissance n'a eu lieu sur le territoire français que parce que leur père était obligé d'y résider pour l'exercice de fonctions publiques (fonctions diplomatiques) conférées par un gouvernement étranger et reconnues par le gouvernement français. Ceci résulte d'une note communiquée par le garde des sceaux à la commission du Sénat et aussi du rapport au Sénat de M. Delsol du 3 juin 1889.

C'est ce système qu'a fait prévaloir la Chambre des députés, malgré les résistances du Sénat, qui voulait conserver l'ancien droit d'option de la loi de 1851, avec les modifications introduites par la loi de 1874.

Le législateur de 1889 a été dominé par cette considération que beaucoup d'étrangers se fixaient en France, où ils jouissaient en fait de presque tous les avantages attachés à la qualité de Français et excipaient de leur extranéité pour se soustraire aux charges, notamment au service militaire (1).

4° **Tout individu né en France d'un étranger** (*qui n'y est pas né*), **si cet individu est domicilié en France à l'époque de sa majorité**, « *à moins que* (nouvel art. 8, 4°), *dans*
» *l'année qui suit sa majorité, telle qu'elle est réglée*
» *par la loi française, il n'ait décliné la qualité de*
» *Français et prouvé qu'il a conservé la nationalité*
» *de ses parents par une attestation en due forme de*
» *son gouvernement, laquelle demeure annexée à la*
» *déclaration, et qu'il n'ait en outre produit, s'il y a*
» *lieu* (2), *un certificat constatant qu'il a répondu à*
» *l'appel sous les drapeaux, conformément à la loi*
» *militaire de son pays sauf les exceptions prévues*
» *aux traités* ».

En d'autres termes, d'après la nouvelle loi, les enfants nés en France d'étrangers qui n'y sont pas nés sont traités, quand ils habitent la France au moment de leur majorité, comme étaient traités d'après les lois de

---

(1) Il est bien évident que les individus dont nous nous occupons ici, c'est à dire les enfants nés en France d'un étranger qui lui-même y est né, peuvent se présenter aux écoles du Gouvernement. Ils n'ont même plus à faire la déclaration qu'exigeait d'eux la loi de 1874 de renoncer au droit de réclamer leur qualité d'étranger, puisqu'ils ne peuvent plus la réclamer. — Du reste ils sont soumis au service militaire au même titre que tous les Français (Art. 11 de la loi du 15 juillet 1889 sur le recrutement).

(2) La loi dit : S'il y a lieu, car il y a des pays comme l'Angleterre, par exemple, où le service militaire n'est pas obligatoire.

1851 et 1874 les enfants nés en France d'étrangers, qui eux-mêmes y étaient nés (1).

II. — FRANÇAIS PAR LE BIENFAIT DE LA LOI.

Nous venons de voir dans quel cas un enfant naît Français. Il nous reste à parler des individus qui, sans être nés Français, peuvent le devenir.

Remarquons tout-d'abord qu'il ne faut pas confondre le bienfait de la loi avec la naturalisation. Quand on devient Français par le bienfait de la loi, on se prévaut d'un droit ; on devient Français même malgré le gouvernement, on use d'une faculté légale.

---

(1) *Il nous paraît évident que les enfants dont il est question dans le 4°
de l'art. 8 peuvent se présenter aux écoles du Gouvernement et renoncer,
dès leur minorité, au droit de réclamer leur qualité d'étranger. — Il nous
paraît également évident que s'ils prennent part aux opérations de recrutement, sans décliner leur qualité de Français, ils sont définitivement
Français. Nous ne comprendrions pas que les 2 derniers paragraphes de
l'art. 9 ne s'appliquassent pas à notre hypothèse, alors qu'ils s'appliquent
à des individus bien plus éloignés de la nationalité française que ceux
dont nous nous occupons. C'est aussi l'avis de M. Cogordan (p. 97). —
Du reste, il ne faudrait pas trop tenir compte de l'art. 11 de la loi
du 15 juillet 1889, sur le recrutement de l'armée. — Le législateur du
15 juillet 1889 a oublié qu'il avait fait une loi du 26 juin 1887 sur la
nationalité.*

*Les enfants nés d'étrangers en France et qui n'y habitent pas pendant
leur minorité, auront peut-être leur domicile en France à leur majorité.
Leur condition est donc en suspens. Mais s'ils habitent la France au
moment de leur majorité, nous les considérerons comme Français rétroactivement. En attendant on les regardera comme non Français au point
de vue du service militaire, sauf à les y soumettre ensuite. Ceci est conforme au texte de la nouvelle loi sur le recrutement de l'armée (art. 11).
— Quant aux enfants nés d'étrangers en France et qui y sont domiciliés
pendant leur minorité, nous les considérons comme ayant toujours été
étrangers s'ils sont domiciliés à l'étranger au moment de leur majorité.
Il est donc logique d'attendre, pour les porter sur le tableau de recensement,
qu'ils soient parvenus à leur vingt-et-unième année. Il paraît qu'on pro-
cède ainsi, dans la pratique.*

Quand on devient Français par la naturalisation, on sollicite une faveur du gouvernement qui est libre de l'accorder ou de la refuser.

Passons en revue les cas dans lesquels on devient Français par le bienfait de la loi :

1er Cas. — Il s'agit de l'enfant né en France d'un étranger (*qui n'y est pas né*), lequel enfant, du reste, n'est pas domicilié en France dans l'année de sa majorité, car s'il y est domicilié, il est Français de plein droit, ainsi que nous venons de le voir.

Voici comment s'exprime sur ce point le nouvel art. 9 : « *Tout individu né en France d'un étranger* » *qui n'y est pas domicilié à l'époque de sa majorité* » *pourra, jusqu'à l'âge de 22 ans accomplis, faire* » *sa soumission de fixer en France son domicile et,* » *s'il l'y établit dans l'année à compter de l'acte de* » *soumission, réclamer la qualité de Français par* » *une déclaration, qui sera enregistrée au ministère* » *de la justice.* »

A la différence de l'ancien art. 9, la nouvelle loi ne dit pas que cette déclaration doive être faite dans un certain délai. Aussi pourrait-on soutenir qu'elle peut être faite à toute époque. Tel n'est pourtant pas notre avis. Nous pensons qu'il y a là simplement un vice de rédaction. Très probablement, le législateur a voulu accorder un délai d'un an et pour établir le domicile et pour réclamer la qualité de Français. Sinon, l'intéressé pourrait, en réclamant tardivement la qualité de Français, se soustraire à l'obligation du service militaire, résultat qui n'était évidemment pas dans la pensée du législateur en 1889.

Remarquons aussi que le nouveau texte en disant *jusqu'à l'âge de 22 ans* a fait cesser la controverse à laquelle donnait lieu l'ancienne rédaction : *dans l'année qui suivra sa majorité*, disait l'ancien art. 9. Ces expressions pouvaient s'entendre ou de la majorité française ou de la majorité étrangère, d'où la controverse (1).

La seconde partie du nouvel article 9 s'occupe du mineur. D'après l'ancien texte, la faculté de réclamer la qualité de Français ne pouvait pas être exercée avant la majorité. Aujourd'hui, elle pourra être exercée même avant la majorité, et ceci peut être intéressant pour un mineur qui désire se présenter aux écoles du gouvernement.

Si l'individu né en France d'un étranger « *est âgé* » *de moins de 21 ans,* dit le nouvel article 9, *la* » *déclaration sera faite en son nom par son père,* » *en cas de décès par sa mère, en cas de décès du* » *père et de la mère ou de leur exclusion de la* » *tutelle, ou dans les cas prévus par les articles 141,* » *142 et 143 du Code civil, par le tuteur autorisé* » *par délibération du conseil de famille. — Il devient* » *également Français si, ayant été porté sur le* » *tableau de recensement, il prend part aux opéra* » *tions de recrutement sans opposer son extranéité.* »

« Le Sénat, a dit M. Delsol dans son rapport du 3 juin 1889, a pensé que le fait de prendre part aux opérations du recrutement sans exciper de son extranéité, équivaut à une déclaration par laquelle on réclamerait la qualité de Français, et, en conséquence, a déclaré que tout individu placé dans cette situation devient Français. »

Mais il n'en est pas moins étonnant qu'un mineur, ainsi que le fait remarquer M. Gogardan (2), puisse devenir Français sans autorisation et même malgré toute volonté contraire manifestée par ses parents.

2ᵉ Cas. — Il est prévu par le nouvel art. 10, qui est ainsi conçu : « *Tout individu né en France ou à*

---

(1) Des conflits pourront s'élever quand la majorité étrangère sera plus **tardive** que la majorité française.

(2) La nationalité, page 97.

» *l'étranger de parents dont l'un* (1) *a perdu la*
» *qualité de Français, pourra réclamer cette qualité*
» *à tout âge, aux conditions fixées par l'art. 9, à*
» *moins que, domicilié en France et appelé sous les*
» *drapeaux, lors de sa majorité, il n'ait revendiqué*
» *la qualité d'étranger.* » (2)

3ᵉ Cas. — Il est réglé par le nouvel art. 12 : « *L'é-*
» *trangère qui aura épousé un Français suivra la*
» *condition de son mari.* »

On admet généralement (3) que la nationalité du
mari au moment du mariage s'impose à la femme qui
manifesterait en vain une volonté contraire, mais qu'un
changement de nationalité survenu au mari pendant le
mariage est sans effet par rapport à la femme.

Que faudrait-il décider dans le cas où la femme,
d'après la loi de son pays n'acquerrait pas, par le mariage, la nationalité de son mari ? Cette femme devrait
être considérée comme Française au point de vue de la
loi française et comme étrangère au point de vue de la
loi étrangère.

4ᵉ Cas. — La femme mariée à un étranger qui se
fait naturaliser Français, dit le nouvel art. 12, pourra,
si elle le demande, obtenir la qualité de Française, sans
condition de stage, soit par le décret qui confère cette

_____

(1) Ajoutons : ou tous deux, car il y a là un *a fortiori*, qui s'impose. Du
reste, ceci résulte formellement du rapport de M. Delsol au Sénat.

Remarquons aussi que l'ancien art. 10 avait fait naître une difficulté qui
ne saurait plus exister : certains auteurs prétendaient que le bénéfice de
l'art. 10 ne devait pas être accordé aussi bien aux enfants de l'ex-Française
qu'aux enfants de l'ex-Français. Une telle opinion ne pourrait plus être soutenue en présence de la rédaction nouvelle.

(2) Nous déciderions aussi qu'il pourra se présenter aux écoles du Gouvernement par analogie de ce que dit l'art. 9.

(3) Pourtant l'opinion contraire a été soutenue, mais il nous semble qu'elle
pourrait difficilement être enseignée aujourd'hui sous l'empire de la loi nouvelle dont la tendance marquée est d'assurer l'unité de la famille.

qualité au mari, soit comme conséquence de la déclaration qu'elle fera dans les termes et sous les conditions
de l'art. 9.

5ᵉ Cas. — D'après ce même article 12, les enfants
majeurs de l'étranger naturalisé pourront, s'ils le demandent, obtenir la qualité de Français, sans condition
de stage, soit par le décret qui confère cette qualité au
père ou à la mère, soit comme conséquence de la déclaration qu'ils feront dans les termes et sous la condition
de l'article 9.

Dans ce 4ᵉ et 5ᵉ cas, on fait à la femme et aux enfants majeurs l'application du même principe.

Avant la loi nouvelle la naturalisation ne produisait
que des effets individuels. — Aujourd'hui, elle produit
des effets collectifs à l'égard des enfants mineurs, ainsi
que nous allons le dire, et elle facilite à la femme et aux
enfants majeurs l'acquisition de la qualité de Français.

Le législateur a été frappé des nombreux incon-
vénients qu'il y avait à ce que les membres d'une
même famille fussent soumis à des législations différentes.

6ᵉ Cas. — « *Deviennent Français* (nouvel art. 12
» *in fine*) *les enfants mineurs d'un père ou d'une*
» *mère* (1) *survivant qui se fait naturaliser Français,*
» *à moins que dans l'année qui suivra leur majorité* (2)
» *ils ne déclinent cette qualité en se conformant aux*
» *dispositions de l'art. 8, § 4* » (3).

---

(1) Le Sénat ne voulait pas étendre aux enfants mineurs de la mère veuve
naturalisée le même avantage qu'aux enfants mineurs du père naturalisé,
mais à la Chambre des députés l'opinion contraire prévalut. On fit remarquer
qu'en ce cas la mère exerçait la puissance maternelle et que du reste les
enfants n'avaient pas à se plaindre puisqu'ils conservaient le droit d'option.

(2) Il s'agit ici de la majorité française. Ceci résulte du rapport présenté à la
Chambre des députés, au nom de la commission, par M. Antonin Dubost.

(3) *Il nous semble incontestable que les enfants dont il est ici question
peuvent pendant leur minorité se présenter aux écoles du gouvernement.*

C'est là un principe nouveau dans notre législation, il a été inspiré au législateur par le désir d'assurer l'unité de la famille.

Remarque. — Aux cas d'acquisition de la qualité de Français par le bienfait de la loi que nous venons d'examiner, le nouvel art. 18 semble en ajouter d'autres. Mais, si nous ne nous trompons, ces cas rentrent dans ceux que nous avons déjà examinés.

Cet article, outre ce défaut d'être inutile, du moins dans sa seconde partie, en a un autre plus grave, celui de présenter une lacune regrettable.

Il s'occupe de la femme et des enfants mineurs de l'ex-Français qui a recouvré la qualité de Français.

Ce qu'il dit des enfants mineurs de ce Français réintégré est la répétition fidèle de ce qu'a dit l'article 12 des enfants mineurs de l'étranger naturalisé (1).

Nous ne comprendrions pas que la nouvelle loi beaucoup plus large que toutes les lois antérieures ait voulu abroger sur ce point la disposition de faveur de la loi de 1882. — Du reste, l'article 11 de la loi du 15 juillet 1889 sur le recrutement de l'armée soumet les individus dont nous nous occupons à l'obligation du tirage au sort (du moins quand ils résident en France). Il serait inadmissible qu'ils eussent les charges, sans les avantages inhérents à la qualité de Français.

(1) Nous ne doutons pas que les enfants mineurs de ce Français réintégré puissent se présenter aux écoles du gouvernement. La loi de 1882 est formelle sur ce point et il nous paraît inadmissible que le législateur de 1889, ait voulu revenir en arrière. Du reste, reconnaissant ce droit aux enfants mineurs de l'étranger naturalisé Français, nous devons a fortiori l'accorder aux enfants mineurs du Français réintégré.

Si c'est la mère devenue veuve qui recouvre la qualité de Français, nous dirons aussi que ses enfants mineurs pourront se présenter aux écoles du gouvernement sans avoir besoin d'être nés en France comme l'exigeait la loi du 28 juin 1883.

Cette loi de 1883 avait une autre disposition : « auront les mêmes droits, disait-elle, les mineurs orphelins de père et de mère, nés en France d'une femme française mariée à un étranger. » Cette disposition est encore évidemment applicable, car alors même qu'on considérerait la loi de 1883 comme absolument abrogée, les enfants dont elle s'occupe auraient encore la ressource d'invoquer à leur profit le bénéfice de l'art. 9 nouveau, puisqu'ils se trouvent dans les conditions requises par cet article. Ils pourraient dès lors se présenter aux écoles du Gouvernement.

Mais ce qu'il dit de la femme et des enfants majeurs de ce Français réintégré n'est pas en harmonie parfaite avec ce que dit l'art. 12 de la femme et des enfants majeurs de l'étranger naturalisés.

Aux termes de cet art. 12 la femme et les enfants majeurs de l'étranger naturalisé peuvent devenir Français soit par le décret qui confère cette qualité au mari ou au père, soit par l'accomplissement des formalités de l'art. 9.

L'art. 18 dit simplement que la femme et les enfants *majeurs* du Français réintégré pourront devenir Français par le décret de réintégration.

Mais évidemment il y a là une lacune et il faut étendre à cette hypothèse le bénéfice de l'art. 12 qui renvoie à l'art. 9.

La femme et les enfants majeurs du Français réintégré pourront donc devenir Français en remplissant les formalités de l'art. 9.

Ne serait-il pas absurde que la femme et les enfants majeurs du *Français* réintégré fussent moins bien traités que la femme et les enfants majeurs de *l'étranger* naturalisé ?

III. — FRANÇAIS PAR LA NATURALISATION.

Comme nous l'avons déjà dit, l'acquisition de la qualité de Français par la naturalisation est subordonnée à l'agrément du Gouvernement et c'est en quoi elle diffère de l'acquisition de la qualité de Français par le bienfait de la loi. Dans ce dernier cas, on devient Français par cela seul qu'on remplit les conditions imposées par la loi ; dans le premier cas, il faut, pour devenir Français, et remplir les formalités légales et obtenir l'agrément du Gouvernement. Cette matière de la naturalisation était régie autrefois par la constitution du 22 frimaire an VIII. Elle a été réglementée, depuis, par la loi du 3 décembre 1849, remplacée à son tour par une loi de 1867, laquelle vient de faire place à la loi du 26 juin 1889.

Il importe à la clarté du sujet, bien que ces mots ne soient pas dans la loi et que ces appellations soient un peu arbitraires, de distinguer trois sortes de naturalisation : la naturalisation *ordinaire*, la naturalisation *extraordinaire* et la naturalisation *privilégiée* (1).

Du reste ces trois naturalisations ne diffèrent entre elles que par la durée du stage imposé à l'étranger qui veut devenir Français.

L'étranger qui veut devenir Français par naturalisation doit :

1° Satisfaire à certaines conditions de stage ,

2° Obtenir un décret de naturalisation.

CONDITIONS DE STAGE.

1° Pour la naturalisation ordinaire.

Le droit au bénéfice de la naturalisation ordinaire n'est accordé qu'après 3 ans de domicile autorisé ou 10 ans de résidence. Ce délai est nécessaire à l'autorité française pour se rendre compte et de la conduite et des sentiments de l'étranger qui sollicite la nationalité française (2).

----

(1) Il est regrettable que ces expressions, surtout la dernière : *la naturalisation privilégiée*, ne soient pas toujours entendues de la même façon par tous les auteurs. Ainsi il n'est pas rare que le mot : *naturalisation privilégiée* soit pris dans le sens de naturalisation extraordinaire ou même soit synonyme d'acquisition de la qualité de Français par le bienfait de la loi.

(2) Citons ici la partie finale de la loi du 26 juin 1889 :

« *Toute admission à domicile obtenue antérieurement à la présente loi » sera périmée si, dans un délai de cinq années à compter de la promul- » gation, elle n'a été suivie d'une demande en naturalisation, ou si la » demande en naturalisation a été rejetée.* »

Les trois ans courent du jour de l'enregistrement de la demande au Ministère de la Justice, sous la condition, bien entendu, que l'autorisation soit ensuite accordée.

Remarquons que dans un cas le stage commencé par une personne pourra profiter à d'autres.

Il y a alors une sorte d'*accessio temporis*.

En cas de décès du mari ou du père avant la naturalisation « *l'autorisation* (nouvel art. 13 *in fine*) *et le* » *temps de stage qui a suivi profiteront à la femme* » *et aux enfants qui étaient mineurs au moment du* » *décret d'autorisation.* »

A défaut de trois ans de domicile autorisé, la loi nouvelle se contente de *dix ans de résidence*. C'est là une innovation. Autrefois une résidence, d'aussi longue durée qu'on la supposât, ne pouvait jamais équivaloir au domicile autorisé. La loi ajoute avec raison qu'on assimilera à la résidence en France « *le séjour en pays* » *étranger pour l'exercice d'une fonction conférée* » *par le Gouvernement français.* »

Remarque. — D'après la loi de 1867, l'étranger ne pouvait commencer le stage requis pour la naturalisation qu'à partir de 21 ans.

Bien que la loi nouvelle soit muette sur ce point, il paraît raisonnable d'exiger de l'étranger qu'il soit majeur. Mais devra-t-il être majeur d'après la loi française (21 ans) ou d'après la loi de son pays ?

Le silence regrettable de la loi sur ce point fera sans doute renaître les mêmes controverses qui avaient existé autrefois sur l'ancien article 9 (1).

---

(1) Un argument en faveur de la majorité française pourrait être tiré du rapport de M. Delsol au Sénat (3 juin 1889). Voici ce que nous lisons dans ce rapport à propos du 4° de l'article 8 : « *Votre commission a pensé qu'il* » *convenait de spécifier de quelle majorité il s'agissait, et a proposé* » *d'ajouter ces mots : — à sa majorité telle qu'elle est réglée par la loi* » *française. — De cette façon, toute incertitude cesse et toutes les fois qu'il*

2° Pour la naturalisation extraordinaire.

Le délai de 3 ans est réduit à un an, à l'égard des étrangers qui se trouvent dans les conditions requises pour se prévaloir du bénéfice de la naturalisation extraordinaire.

Peuvent être naturalisés (nouvel art. 8) : « *Les étran·* » *gers admis à fixer leur domicile en France, après* » *un an, s'ils ont rendu des services importants à la* » *France, s'ils y ont apporté des talents distingués,* » *ou s'ils y ont introduit soit une industrie, soit des* » *inventions utiles, ou s'ils ont créé soit des établis-* » *sements industriels ou autres, soit des exploitations* » *agricoles, ou s'ils ont été attachés à un titre quel-* » *conque au service militaire dans les colonies et les* » *protectorats français.* »

Le délai est aussi d'une année pour l'étranger qui a épousé une Française. Peut être naturalisé « *l'étranger* » (art. 8 *in fine*) *qui a épousé une Française, aussi* » *après une année de domicile autorisé.* »

3° Pour la naturalisation privilégiée.

Nous appelons naturalisation privilégiée celle pour laquelle aucun stage n'est requis.

Sont dispensés de tout stage :

1° L'ex-Français (nouvel art. 18), qui peut recouvrer la qualité de Français « *pourvu qu'il réside en France* « *en obtenant sa réintégration par décret,* » et pourvu

---

» *s'agira dans la loi votée de la majorité, on entendra par là la majorité* » *française.* »

Nous doutons néanmoins que ce passage du rapport de M. Delsol ait pour effet de faire cesser toute controverse. M. Cogordan (*La Nationalité*, p. 132) est d'avis d'exiger dans notre hypothèse la majorité étrangère.

qu'il n'ait pas perdu la qualité de Français dans le cas
de l'art. 21, c'est-à-dire pour avoir pris sans autorisation du service militaire à l'étranger. Dans ce dernier
cas l'ex-Français est tenu de se conformer aux règles
de la naturalisation ordinaire.

2° L'ex-Française qui a perdu la nationalité française
pour avoir épousé un étranger :

« *Si son mariage (nouvel article 19) est dissous*
« *par la mort du mari ou le divorce, elle recouvre*
« *la qualité de Française avec l'autorisation du Gou-*
« *vernement, pourvu qu'elle réside en France ou*
« *qu'elle y rentre en déclarant qu'elle veut s'y fixer.* »

D'après l'ancien art. 19, l'ex-Française, lorsqu'elle
habitait la France au moment où elle devenait veuve,
redevenait de plein droit Française, sans avoir besoin
d'aucune autorisation ; c'était, du moins, l'interprétation
généralement admise. Elle était mieux traitée qu'aujourd'hui.

3° Les descendants des familles proscrites lors de la
révocation de l'édit de Nantes. Aux termes de l'art. 4
de la loi sur la nationalité, ils « *continueront à béné-*
« *ficier de la loi du 15 décembre 1790, mais à la*
« *condition d'un décret spécial pour chaque deman-*
« *deur. Ce décret ne produira d'effet que pour l'ave-*
« *nir.* »

Autrefois ils n'avaient pas besoin d'un décret spécial :
il leur suffisait d'établir leur domicile en France. De
plus la qualité de Français leur était conférée rétroactivement.

Tels sont les trois cas de naturalisation privilégiée (1).

---

(1) Parmi les cas que nous avons précédemment examinés de l'acquisition
de la qualité de Français par le bienfait de la loi, il y en a 2, le 4ᵉ et le 5ᵉ
qui pourraient également être considérés comme des cas de naturalisation privilégiée. Quand les individus dont il est question dans ces 4ᵉ et 5ᵉ cas réclament à
leur profit l'application de l'art. 9, ils deviennent Français par le bienfait de la
loi ; quand au contraire ils demandent à bénéficier du décret accordant à d'autres

Observation. — Le nouvel article 19 s'exprime ainsi dans sa seconde partie : « *Dans le cas où le mariage* » *est dissous par la mort du mari* (1), *la qualité de* » *Français peut être accordée par le même décret de* » *réintégration aux enfants mineurs, sur la demande* » *de la mère ou par un décret ultérieur, si la de-* » *mande en est faite par le tuteur avec l'approbation* » *du conseil de famille* ».

Nous avouons ne rien comprendre à cette disposition.

Elle est, du reste, reproduite sans commentaires, par les rares auteurs qui se sont occupés jusqu'à présent de la loi nouvelle sur la nationalité, ce qui est un moyen commode d'éluder la difficulté.

Cette seconde partie de l'art. 19 est en opposition formelle avec la dernière partie et de l'article 12 et de l'article 18 et, de plus, absolument contraire à l'esprit dans lequel la loi du 26 juin 1889 a été votée.

Comment les enfants dont il est question dans l'art. 19 auraient-ils besoin d'un décret pour devenir Français, puisqu'aux termes de l'art. 12 et de l'article 18, ils deviennent Français de plein droit ?

DÉCRET DE NATURALISATION

C'est là la seconde et dernière des conditions requises pour la naturalisation. L'étranger qui sollicite la naturalisation française a besoin d'obtenir un décret qui la lui confère ; peu importe, du reste, qu'il s'agisse d'une naturalisation ordinaire, extraordinaire ou privilégiée.

Ce décret est rendu par le Président de la Répu-

---

la qualité de Français, ils deviennent Français sans condition de stage en vertu d'une vraie naturalisation privilégiée.

(1) Rappelons qu'il s'agit d'une Française qui a perdu sa nationalité par son mariage avec un étranger.

blique à la suite d'un rapport qui lui est fait par le Ministre de la justice.

Du reste, il n'est plus nécessaire aujourd'hui comme autrefois que ce décret soit rendu en Conseil d'Etat; il suffit d'un décret simple.

EFFETS DE LA NATURALISATION

C'est l'article 3 de la loi de 1889 qui s'occupe des effets de la naturalisation. Il est regrettable que cet art. 3 n'ait pas été intercalé dans l'un des art. du Code civil relatifs à la naturalisation.

Les effets de la naturalisation, d'après la nouvelle loi, sont moins complets que d'après la loi de 1867. Cette dernière loi conférait à l'étranger naturalisé tous les droits civils et politiques. Dans la nouvelle loi, il y a un *néanmoins* qui n'existait pas autrefois :

« *L'étranger naturalisé (art. 3 de la loi du 26* » *juin 1889) jouit de tous les droits civils et poli-* » *tiques attachés à la qualité de citoyen français.* » *Néanmoins il n'est éligible aux assemblées législa-* » *tives que dix ans après le décret de naturalisation,* » *à moins qu'une loi spéciale n'abrège ce delai. Le* » *délai pourra être réduit à une année* ».

Cet article ajoute : « *Les Français qui recouvrent* » *cette qualité, après l'avoir perdue, acquièrent* » *immédiatement tous les droits civils et politiques,* » *même l'éligibilité aux assemblées législatives* ».

Cet art. 3 de la nouvelle loi ne demande aucun commentaire.

Observation commune à ceux qui deviennent Français par le bienfait de la loi et à ceux qui le deviennent par la naturalisation.

D'après le nouvel article 20. « *Les individus qui* » *acquerront la qualité de Français dans les cas*

» *prévus par les articles 9, 10, 18 et 19 ne pourront*
» *s'en prévaloir que pour les droits ouverts à leur*
» *profit depuis cette époque.* »

Le nouvel article dit : *qui acquerront,* l'ancien disait : *qui recouvreront.* Il serait plus exact de dire : *qui acquerront ou recouvreront,* car les articles visés par l'article 20 prévoient bien les deux hypothèses d'acquisition et de réintégration.

A côté de cette observation de détail, une autre plus importante doit être faite. L'art. 20 (ancien texte) ne visait pas l'art. 9, tandis que l'art. 20 (nouveau texte) vise cet article 9 ; ainsi prend fin l'ancienne controverse relative au point de savoir si les individus Français par application de l'art. 9 étaient Français rétroactivement.

La jurisprudence décidait l'affirmative, la nouvelle loi tranche la question dans un sens différent (1).

Notons aussi que le nouvel article 20 présente à son tour une lacune. Aux articles 9, 10, 18 et 19 visés par cet article 20, il faut évidemment ajouter l'art. 12.

Il serait inadmissible que l'art. 20 s'appliquât à la femme et aux enfants du Français réintégré et qu'il ne s'appliquât pas à la femme et aux enfants de l'étranger naturalisé : en d'autres termes on ne comprendrait pas que les personnes dont s'occupe l'art. 12 fussent mieux traitées que celles dont s'occupe l'art. 18 et, puisque ces dernières ne deviennent Françaises que pour l'avenir, il est évident que les premières ne deviennent également Françaises que pour l'avenir. Il y a là un *a fortiori* qui s'impose.

Disons, et pour la même raison, que les étrangers naturalisés conformément à l'art. 8 ne sauraient se soustraire à l'application de l'art. 20.

_____

(1) Cette solution est plus pratique ; la théorie contraire pouvait, dans un certain cas, compromettre la validité des actes antérieurement accomplis, si la loi étrangère à laquelle était soumis l'intéressé, lui accordait une capacité qui n'eût pas été reconnue par la loi française.

Pour tout esprit sérieux le doute sur ce point nous paraît impossible.

Il n'en est pas moins regrettable qu'une loi puisse être votée avec une pareille légèreté.

Notre conclusion est donc que, dans tous les cas où un individu devient Français, soit par le bienfait de la loi, soit par la naturalisation, la qualité de Français lui est acquise sans effet rétroactif.

APPENDICE (1).

PARTICULARITÉS RELATIVES A L'ALGÉRIE (2).

Examinons la situation :
1° Des indigènes musulmans;
2° Des indigènes israélites,
3° Des étrangers immigrés.

1° Indigènes musulmans.

Aux termes du Sénatus-Consulte du 14 juillet 1865, l'indigène musulman est Français, mais il n'est pas citoyen.

---

(1) Cet appendice peut être négligé par les étudiants en droit de 1re année.

(2) Après la capitulation d'Alger survenue le 5 juillet 1830, aucune loi n'opéra officiellement la réunion de l'Algérie à la France. Aussi pouvait-on prétendre que les indigènes n'étaient pas Français. La Constitution de 1848, dans son article 109, déclara français le territoire de l'Algérie, mais elle négligea de parler de la nationalité des habitants. Par un arrêt du 15 février 1864, la Cour de cassation reconnut formellement la qualité de Français aux indigènes annexés. L'argument de la Cour est que, par le fait même de la conquête, les Algériens étaient devenus Français, car, comment en dehors de cette théorie fixer leur nationalité ? Le Sénatus-Consulte du 14 juillet 1865 est le premier texte qui détermine officiellement la nationalité des habitants de l'Algérie.

Il est Français, c'est-à-dire qu'il est sous la protection de la France et qu'il est soumis aux autorités françaises.

Il n'est pas citoyen, c'est-à-dire qu'il continue à être régi par la loi musulmane : il n'est ni électeur, ni éligible, et il ne peut aspirer aux fonctions publiques en France. Cependant un décret du 21 avril 1866 lui permet de servir dans les armées de terre (1) et de mer et d'exercer certaines fonctions civiles en Algérie seulement, telles que celles de conseiller municipal, conseiller général, notaire, greffier, etc.

Le musulman reste soumis à la loi musulmane pour tout ce qui concerne les droits civils : mariage (polygamie), filiation, succession, etc. (2).

Pour être entièrement assimilé à un Français, l'indigène musulman doit être l'objet d'une sorte de naturalisation particulière prévue par le Sénatus-Consulte de 1865.

La seule condition qu'on exige de lui, c'est qu'il ait atteint l'âge de 21 ans.

Cette condition remplie, il se présentera devant le maire ou le chef de bureau arabe et déclarera son intention d'être régi par les lois civiles et politiques de la France ; une enquête sera faite par les soins de l'Administration sur les antécédents et la moralité du demandeur et finalement la naturalisation lui sera accordée.

Mais par qui lui sera-t-elle accordée ?

D'après le sénatus-consulte de 1865, ce pouvoir appartient au Chef de l'Etat qui statue en Conseil d'Etat, comme pour toutes les autres naturalisations.

Toutefois, un décret du 24 octobre 1870 confère ce

---

(1) En principe il ne peut dépasser le grade de sous-lieutenant.

(2) La loi civile pour le musulman est comprise dans le *Coran ;* c'est une partie de la loi religieuse. Si l'on avait soumis les musulmans à la loi française quant à l'organisation de la famille, on eût porté atteinte à leur religion et commis un acte impolitique.

droit au Gouverneur général de l'Algérie. Mais ce décret n'a jamais été en fait appliqué, et il est douteux qu'il puisse jamais l'être. Aux termes de ce décret, le Gouverneur général devait statuer sur les naturalisations, après avoir pris l'avis d'un *Comité consultatif algérien*. Or, ce comité ayant été supprimé, il est douteux que le Gouverneur général ait qualité pour statuer seul sur une demande de naturalisation.

Nous dirons donc qu'aujourd'hui c'est le Chef de l'Etat seul qui a qualité pour statuer sur la naturalisation des indigènes mulsumans. Mais le décret qui interviendra à cet effet n'aura plus besoin d'être rendu en Conseil d'Etat (argument tiré de la loi de 1889).

Après sa naturalisation, l'indigène musulman est traité comme un Français de la métropole. Il doit, en conséquence, renoncer aux dispositions de la loi musulmane contraires à l'ordre public en France, comme la polygamie. C'est un sacrifice pénible pour les musulmans. Leur répugnance à se conformer à des prescriptions de lois contraires au *Coran* les a généralement détournés de la naturalisation complète. De 1865 à 1878, 428 musulmans seulement sont devenus citoyens français.

2o Indigènes israélites.

Le sénatus-consulte de 1865 n'établissait aucune distinction entre les indigènes israélites et les indigènes musulmans. Par conséquent tout ce que nous venons de dire de ces derniers s'appliquait également aux premiers.

Mais à l'instigation de Crémieux, le Gouvernement de la Défense Nationale rendit le 24 octobre 1870 un décret qui déclara *citoyens français* tous les israélites indigènes des départements de l'Algérie.

Cette décision, tout en ne satisfaisant que médiocrement les intéressés qu'elle privait de prérogatives nombreuses, eut pour effet d'irriter profondément les musulmans : ils ne s'expliquaient pas la faveur gouvernementale qui était accordée à une race dont les séparait une haine séculaire. Cette irritation fut une des principales causes de l'insurrection algérienne de 1871. Tout le monde était mécontent. Poussé par l'opinion, le Gouvernement de M. Thiers présenta à l'Assemblée nationale, le 21 juillet 1871, un projet de loi destiné à abroger le décret du 24 octobre 1870 ; mais, M. Crémieux étant intervenu dans le débat fit échouer le projet.

Le décret de M. Crémieux reste donc en vigueur. Par suite, tous les israélites indigènes d'Algérie sont aujourd'hui citoyens français : la loi mosaïque n'a plus pour eux aucune application.

Mais que faut-il entendre par indigènes ? Aux termes d'un décret du 7 octobre 1871 destiné à commenter celui du 24 octobre 1870, sont indigènes les israélites nés en Algérie avant l'occupation française ou nés depuis cette époque de parents établis en Algérie au moment où elle s'est produite (1).

3° Etrangers immigrés.

A l'époque où le sénatus-consulte de 1865 a été rendu, le délai requis pour la naturalisation ordinaire en France était de 10 ans (loi de 1849).

---

(1) Pour la *Cochinchine* un décret du 25 mai 1881 déclare Français l'indigène annamite né et domicilié. Néanmoins il continue à être régi par les lois annamites. Il peut, sur sa demande, à partir de l'âge de 21 ans, être appelé à jouir des droits de citoyen français. Il doit pour cela justifier de la connaissance de la langue française.

La naturalisation complète acquise par le mari s'étend à sa femme et à ses enfants mineurs

La naturalisation des étrangers immigrés est soumise aux mêmes règles qu'en Algérie.

Dans l'*Inde française*, les indigènes sont Français, et qui plus est, citoyens indépendamment de toute naturalisation, c'est-à-dire qu'ils jouissent des droits politiques. Mais ils continuent à être régis pour leur statut personnel par la

Le sénatus-consulte réduisit pour les étrangers immigrés en Algérie ce délai à 3 ans, c'était là une faveur considérable.

Notons que le délai de 3 ans est devenu le droit commun d'après les lois de 1867 et de 1889.

Il y a pourtant encore deux différences entre la naturalisation en Algérie et la naturalisation en France :

En France, le délai de 3 ans court du jour où la demande à fin de domicile a été enregistrée au ministère de la justice. En Algérie, il court du jour où l'étranger a fixé son domicile sur le sol algérien.

D'autre part, pour la naturalisation en Algérie, on paie un seul droit de 1 fr., tandis qu'en France, on paie deux droits de 175 fr, 25 chacun : l'un, pour obtenir l'admission à domicile ; l'autre, pour obtenir la naturalisation.

Pour devenir Français, les étrangers immigrés en Algérie doivent obtenir un décret de naturalisation qui n'a plus besoin d'être rendu en Conseil d'Etat (argument tiré de la loi de 1889).

Du reste, la loi du 26 juin 1889 s'appliquant à l'Algérie, nous dirons des étrangers immigrés en Algérie, qu'ils jouissent désormais pour eux, pour leurs femmes et pour leurs enfants des mêmes avantages que les étrangers établis en France, c'est-à-dire que les cas d'acquisition de la qualité de Français soit par la naissance, soit par le bienfait de la loi seront les mêmes en Algérie qu'en France.

IV. — FRANÇAIS PAR L'ANNEXION.

Les traités règlent habituellement la situation des habitants des pays annexés. Nous nous contentons de

---

loi hindoue, à moins qu'ils ne renoncent au bénéfice de cette loi pour se soumettre complètement à la loi française.

reproduire ici l'art. 6 du traité conclu le 24 mars 1860 entre la France et la Sardaigne, relatif à la cession à la France de Nice et de la Savoie :

« *Les sujets sardes, dit ce traité, originaires de la*
» *Savoie et de l'arrondissement de Nice ou domi-*
» *ciliés actuellement dans ces provinces qui en-*
» *tendent conserver la nationalité sarde, jouiront*
» *pendant l'espace d'un an, à partir de l'échéance*
» *des ratifications et moyennant une déclaration*
» *préalable à l'autorité compétente, de la faculté de*
» *transporter leur domicile en Italie et de s'y fixer,*
» *auquel cas la qualité de sujet sarde leur sera*
» *maintenue* ».

Ainsi sont Français et les individus originaires des pays annexés et ceux qui y sont domiciliés au moment de l'annexion (1).

---

(1) Nous aurons des développements à donner sur ce point dans la seconde partie de notre travail.

CHAPITRE II

PERTE DE LA QUALITÉ DE FRANÇAIS

Ici aussi nous aurons à signaler plusieurs modifications apportées au Code civil par la loi du 26 juin 1889 sur la naturalisation. Passons en revue les différents cas dans lesquels est perdue la qualité de Français.

1er Cas. — Perd la qualité de Français (nouvel art. 17) « *le Français naturalisé à l'étranger ou celui qui* » *acquiert sur sa demande la nationalité étrangère* » *par l'effet de la loi* »

Le législateur applique ici ce principe de tout temps reconnu que l'homme ne peut pas avoir deux patries.

Remarquons que l'ancien art. 17 ne parlait pas du Français qui devenait étranger par le bienfait de la loi étrangère. Néanmoins, il était déjà admis sous l'empire de l'ancien texte que la qualité de Français ne pouvait être perdue qu'autant que la nationalité étrangère était volontairement acquise (1). Le doute n'est plus possible en présence du nouveau texte : *sur sa demande.*

Il faut donc pour perdre la qualité de Français avoir voulu changer de patrie et il faut de plus avoir acquis réellement une autre patrie. Ainsi le Français qui aurait sollicité, sans l'avoir obtenue, une nationalité étrangère resterait Français.

Remarquons aussi que le Français qui aurait obtenu d'un Gouvernement étranger l'autorisation de fixer son

---

(1) Arrêt de la Cour de Paris, du 3 mai 1834.

domicile dans le pays ne perdrait pas par ce seul fait la qualité de Français.

Même une demi-naturalisation acquise en pays étranger, telle que la *dénization* anglaise, ne ferait pas perdre la nationalité française.

Le *dénizé* Anglais est autorisé à fixer son domicile en Angleterre, où on lui accorde la jouissance des droits civils refusés en général aux étrangers (1). Mais il ne devient pas sujet anglais, il reste donc Français.

Le Français qui se fait naturaliser à l'étranger perd sa qualité de Français alors même qu'il se ferait naturaliser avec l'autorisation du Gouvernement français.

Néanmoins, avant la loi nouvelle sur la naturalisation, beaucoup d'auteurs prétendaient qu'il y avait intérêt à distinguer entre le Français qui se faisait naturaliser à l'étranger avec l'autorisation du Gouvernement français et celui qui se faisait naturaliser à l'étranger sans cette autorisation.

Un décret de 1811 refusait au second le droit de recueillir en France par succession, et c'était une question de savoir si cette disposition était encore applicable à cet ex-Français malgré la loi de 1819, qui accorde aux étrangers en général le droit de recueillir par succession, donation ou legs.

En 1811, il était bien naturel que l'ex-Français naturalisé à l'étranger perdît le droit de recueillir par succession, donation ou legs, puisque c'était là le droit commun des étrangers à cette époque. Mais, depuis 1819, tous les étrangers pouvant recueillir par succession, donation ou legs, comme les Français, la question se posait de savoir si la disposition du décret de 1811

---

(1) « Le *dénizen*, dit Fischel, peut bien acquérir de la terre par achat ou » par donation, mais non par succession. Les enfants nés avant la *dénization* » n'héritent pas non plus de ses biens immobiliers. Le *dénizen* ne peut enfin » siéger dans le Parlement ou le conseil privé, ni remplir aucun office civil » ou militaire. » (Constitution de l'Angleterre par Fischel).

relative aux Français qui se sont fait naturaliser à l'étranger sans l'autorisation de notre Gouvernement était encore ou non en vigueur. Beaucoup d'auteurs admettaient avec la jurisprudence l'affirmative.

Dans cette opinion, on considérait la disposition du décret de 1811 comme une déchéance pénale et non pas comme une conséquence de la perte de la qualité de Français, tandis que dans l'autre opinion cette disposition était complètement inutile : elle découlait de la perte de la qualité de Français, et dès lors elle cessait d'être applicable depuis la loi de 1819, qui, ainsi que nous l'avons dit, accordait aux étrangers le droit de recueillir par succession, donation ou legs.

La loi nouvelle du 26 juin 1889 a fait cesser toute controverse sur ce point en abrogeant purement et simplement le décret de 1811.

Le Français naturalisé à l'étranger, avec ou sans l'autorisation du Gouvernement français pourra donc, sans distinction, recueillir en France par succession, donation ou legs.

L'art. 17 ajoute : « *S'il est encore soumis aux obli-* » *gations du service militaire pour l'armée active, la* » *naturalisation à l'étranger ne fera perdre la qualité* » *de Français que si elle a été autorisée par le gou-* » *vernement français.* »

2ᵉ Cas. — Perd la qualité de Français « *Le Fran-* » *çais qui a décliné la nationalité française dans les* » *cas prévus au § 4 de l'art. 8 et aux articles 12* » *et 18* » (art 17-2ᵒ).

Il s'agit dans les articles visés par le 2ᵉ de l'art. 17 :

1° De l'individu né en France d'un étranger et qui à sa majorité est domicilié en France ;

2ᵒ Des enfants mineurs d'un étranger qui se fait naturaliser Français.

3ᵉ Des enfants mineurs d'un ex-Français qui redevient Français.

Ils sont Français à moins qu'ils ne déclinent cette qualité, tout en établissant qu'ils ont conservé leur nationalité étrangère conformément aux exigences de l'art. 8 § 4.

3ᵉ Cas. — Perd la qualité de Français « *le Français* » *qui, ayant accepté des fonctions publiques con-* » *férées par un gouvernement étranger, les conserve* » *nonobstant l'injonction du gouvernement français* » *de les résigner dans un délai déterminé.* » (art. 17-3°).

Le nouvel art. 17 est moins rigoureux que l'ancien. D'après le Code civil on perdait la qualité de Français par le fait seul qu'on acceptait sans l'autorisation du gouvernement français des fonctions publiques à l'étranger. Aujourd'hui on ne perd la qualité de Français qu'autant qu'on conserve ces fonctions malgré l'injonction du gouvernement français d'avoir à les résigner dans un certain délai.

Il était en effet difficile dans bien des cas d'appliquer avec rigueur l'ancien texte, d'autant plus que souvent le Français, qui acceptait des fonctions publiques à l'étranger, pouvait servir très habilement les intérêts français. Aussi était-il raisonnable de laisser à notre gouvernement le soin de décider, d'après les circonstances, si telle fonction était ou non compatible avec les devoirs qu'impose la qualité de Français (1).

4ᵉ Cas. — « La femme française qui épouse un étranger » *suit la condition de son mari, à moins que son* » *mariage ne lui confère pas la nationalité de son* » *mari, auquel cas elle reste Française.* » (art. 19).

---

(1) D'après l'ancien article 17 on perdait encore la qualité de Français en se fixant à l'étranger sans esprit de retour. Ce cas de perte de la qualité de Français a disparu dans le texte nouveau. Cette disposition était, en effet, une cause de contestations fréquentes, rien n'étant plus difficile à apprécier que l'absence d'esprit de retour.

L'article 19 est la contre-partie de l'art. 12 : de
même que l'étrangère qui épouse un Français devient
Française, de même la Française qui épouse un étranger
devient étrangère.

La femme suit la nationalité de son mari au moment
de son mariage, telle est la règle.

La femme qui accepte un mari, accepte par là même
sa nationalité. Il y a unité d'existence dans le mariage,
il doit donc y avoir aussi unité de nationalité, si l'on
veut que l'unité de la famille soit complète.

Il y a pourtant des auteurs qui décident que la femme
pourrait, en faisant une réserve expresse à cet effet, se
soustraire à la nationalité de son mari.

L'article 19 contient une restriction qui n'existait pas
dans l'ancien texte : la Française qui épouse un étranger
reste Française si la loi de son mari ne lui confère pas
la nationalité étrangère.

Cette restriction, introduite par la loi nouvelle, a cet
avantage d'éviter que la Française qui épouse un étranger
se trouve n'avoir pas de nationalité, comme cela pouvait
arriver autrefois.

Observation. — Comme nous l'avons dit précédemment, le Français qui perd la qualité de Français dans
l'un des 4 cas que nous venons d'étudier peut redevenir
Français, en vertu d'une naturalisation privilégiée. Il a
besoin de l'autorisation du Gouvernement, mais il est
dispensé de tout stage.

5e Cas. — Perd la qualité de Français « *le Français*
» *qui, sans autorisation du Gouvernement, prend*
» *du service militaire à l'étranger, sans préjudice*
» *des lois pénales contre le Français qui se soustrait*
» *aux obligations de la loi militaire* » (art. 17, 4°).

Du reste, cet ex-Français est traité assez sévèrement :
» *Le Français qui, sans autorisation du Gouverne-*
» *ment* (nouvel art. 21) *prendrait du service militaire*

» *à l'étranger, ne pourra rentrer en France qu'en*
» *vertu d'une permission accordée par décret et*
» *recouvrer la qualité de Français qu'en remplissant*
» *les formalités imposées en France à l'étranger pour*
» *obtenir la naturalisation ordinaire.* »

6° Cas. — La qualité de Français se perd par le commerce ou même la simple possession d'esclaves.

Ce cas est réglé par un décret du 27 avril 1848, par une loi du 11 février 1851 et par une loi du 28 mai 1858.

Le législateur de 1889 après quelques hésitations a laissé subsister ces différents textes législatifs.

Voici comment s'exprime le décret du 27 avril 1848, art. 8 :

« *A l'avenir, même en pays étranger, il est inter-*
« *dit à tout Français de posséder, d'acheter ou de*
« *vendre des esclaves, et de participer soit directe-*
« *ment soit indirectement à tout trafic ou exploita-*
« *tion de ce genre. Toute infraction à ces dispo-*
« *sitions entraînera la perte de la qualité de citoyen*
« *français. Néanmoins les Français qui se trouvent*
« *atteints par ces prohibitions au moment de la pro-*
« *mulgation du présent décret auront un délai de*
« *3 ans pour s'y conformer. Ceux qui deviendraient*
« *possesseurs d'esclaves en pays étranger par héri-*
« *tage, don ou mariage, devront sous la même peine,*
« *les affranchir ou les aliéner dans le même délai à*
« *partir du jour où leur possession aura commencé.* »

La loi du 11 février 1851 porte à 10 ans le délai de 3 ans établi par le décret de 1848. De sorte que les propriétaires d'esclaves avaient 10 ans pour se mettre en règle, lesquels 10 ans couraient non pas du jour de la date de la loi qui accordait ce délai, mais de la date du décret du 27 avril 1848.

Enfin une loi du 28 mai 1858 vint décider que l'art. 8 du décret du 27 avril 1848 ne serait pas applicable aux propriétaires qui auraient possédé des esclaves avant le 27 avril 1848 ou qui depuis cette époque en auraient acquis par succession, donation ou testament, ou par convention matrimoniale.

7ᵉ Cas. — La qualité de Français se perd par le démembrement d'une portion du territoire français.

Voici comment s'exprime l'art. 2 du traité franco-allemand du 10 mai 1871 qui règle la situation des Alsaciens-Lorrains : « *Les sujets français originaires* » *des territoires cédés, domiciliés actuellement sur* » *ces territoires, qui voudront conserver la nationa-* » *lité française, jouiront jusqu'au 1ᵉʳ octobre 1871* » *et moyennant déclaration préalable faite à l'auto-* » *rité compétente, de la faculté de transporter leur* » *domicile en France et de s'y fixer, sans que ce* » *droit puisse être altéré par les lois sur le service* » *militaire, auquel cas la qualité de citoyen français* » *leur sera maintenue.* »

Aux termes de ce texte qui est d'une clarté parfaite les habitants des territoires cédés n'auraient dû être considérés comme allemands qu'autant que : 1° ils étaient originaires des territoires cédés; 2° y étaient domiciliés ; 3° n'avaient pas fait la déclaration de rester Français dans les formes et les délais requis.

Cette interprétation ne prévalut pourtant pas. Une convention additionnelle signée à Francfort le 11 décembre 1871 et ratifiée par l'Assemblée nationale le 3 janvier 1872 prorogea d'une année le délai pendant lequel l'option pouvait être exercée *pour tous les ori-ginaires domiciliés hors d'Europe.*

Les termes de cette convention additionnelle ont favorisé les prétentions de l'Allemagne. Puisque *les originaires domiciliés hors d'Europe* pour se sous-traire à la nationalité allemande ont besoin d'exercer le droit d'option, a-t-elle dit, de même les originaires domiciliés en Europe ont aussi besoin d'exercer ce droit d'option.

Et l'Allemagne en a tiré cette conclusion que tous les originaires, à moins qu'ils n'optent pour la nationalité française, sont allemands, quel que soit leur domicile.

Le Gouvernement français a dû lui-même se soumettre à cette interprétation du traité de Francfort : « *Tous ceux qui sont nés sur les territoires cédés,* » *écrivait M. Dufaure aux Préfets à la date du* » *30 mars 1872, seront considérés comme allemands,* » *et, au contraire, tous ceux qui ne sont pas nés* » *dans ces territoires sont Français de plein droit.* »

Cette aggravation apportée au traité du 10 mai 1871 avait du moins le mérite de résulter plus ou moins implicitement d'un arrangement conventionnel intervenu entre les deux États.

Mais l'Allemagne émit une autre prétention. Par analogie de ce qu'avait décidé le traité franco-sarde, elle s'arrogea le droit de considérer comme Allemands non-seulement les originaires d'Alsace-Lorraine domiciliés ou non dans les pays annexés, mais encore tous les domiciliés au moment de la cession, quoique non originaires.

Cette nouvelle prétention ne pouvait être admise par le Gouvernement français ; de sorte qu'en fait tous les *non-originaires* domiciliés en Alsace-Lorraine lors de la cession sont considérés comme sujets allemands en Allemagne et comme Français en France.

DEUXIÈME PARTIE

Conflits entre la législation française et les législations étrangères.

CHAPITRE PREMIER

ACQUISITION DE LA QUALITÉ DE NATIONAL PAR LA NAISSANCE.

Les Etats peuvent se diviser en trois groupes, en ce qui concerne la nationalité conférée à l'enfant, au moment de sa naissance.

1° Ceux ou prédomine le *jus sanguinis* ;

2° Ceux ou prévaut le *jus soli* ;

3° Ceux qui combinent les deux principes.

I. — ÉTATS OU PRÉDOMINE LE « *JUS SANGUINIS* ».

Ces Etats sont l'*Allemagne*, l'*Autriche-Hongrie*, la *Suisse* et la *Suède* (1).

---

(1) Le principe du *jus sanguinis* absolu ou à peu près, est en vigueur, comme on le voit, dans certains Etats de formation ancienne où l'accroissement de la population est très rapide et où par suite l'intérêt général n'exige pas que des individus d'origine étrangère puissent facilement acquérir la nationalité.

En *Allemagne*, il existe deux nationalités, la nationalité d'Etat et la nationalité d'Empire. La première appartient de plein droit à toute personne qui est investie de la seconde. C'est ainsi que les sujets prussiens, badois, saxons etc, sont, en même temps, sujets de l'Empire d'Allemagne.

Nous n'avons donc à examiner que la nationalité d'Etat.

Aux termes de la loi fédérale du 1er juin 1870, sur *l'acquisition* et *la perte de la nationalité* (1), on ne devient sujet d'un Etat que par la *filiation*, la *légitimation*, le mariage et la naturalisation.

La naissance sur le sol allemand ne facilite nullement l'accès de l'indigénat.

En *Autriche*, le code civil général de 1811, en *Hongrie*, la loi des 20-24 décembre 1875, appliquent à l'acquisition de la nationalité les mêmes règles qu'en Allemagne. On n'acquiert la qualité de sujet autrichien ou hongrois que par la *filiation*, la *légitimation*, etc.

Le principe est également le même dans le code *Suédois* de 1734 et dans la constitution fédérale *Suisse* du 29 mai 1874.

Si, dans ces divers pays, la légitimation figure comme moyen d'acquérir la nationalité, cela tient à ce que l'enfant naturel y suit la condition de sa mère (*partus ventrem sequitur*). C'est la légitimation seule qui le rattache à son père et qui, par suite, doit lui donner la nationalité de ce dernier.

CONFLITS

Dans son remarquable ouvrage sur la *Nationalité*, M. Cogordan s'exprime ainsi: « Un Français né dans un de ces Etats (Allemagne, Autriche-Hongrie, Suède et Suisse) pourra toujours faire reconnaître sa qualité

----

(1) Devenue loi d'Empire à la suite des funestes événements de 1870-1871.

par le Gouvernement local et il n'y aura jamais de conflit possible avec la France (1) ».

Cette observation est exacte. Mais, si l'on suppose, en sens inverse, un individu né sur le territoire français d'un sujet dans le pays duquel règne le *jus sanguinis* absolu ou combiné avec le *jus soli*, plusieurs dispositions de la nouvelle loi de 1889 deviendront une source de conflits :

1° L'art. 8-1° confère à l'enfant naturel la nationalité de celui de ses parents à l'égard duquel la preuve a, d'abord, été faite et ajoute : « Si elle résulte pour le père et la mère du même acte ou du même jugement, l'enfant suivra la nationalité de son père ». — Prenons un enfant naturel né d'une mère allemande et d'un *père français*. La preuve a d'abord été faite à l'égard du père, ou elle résulte, pour le père et la mère, d'un même acte ou d'un même jugement. Dans ces deux cas, l'enfant est Français, aux yeux de la loi française. La loi allemande, en vertu de la règle : *Partus ventrem sequitur*, le considère comme Allemand. Elle ne lui reconnaîtrait la nationalité de son père que s'il était *légitimé*, conformément à la loi de ce dernier (2). Le conflit cesserait de se produire si la loi étrangère attribuait à la reconnaissance volontaire ou forcée, le même effet qu'à la légitimation ;

2° L'art. 8-3° déclare Français tout individu né en France d'un étranger *qui lui-même y est né*. — Si cet individu est un Allemand, un Hongrois, un Suisse (etc.), il est étranger par la filiation, Français en vertu de la nouvelle loi.

M. Cogordan estime que la disposition qui précède, provoquera de nombreux conflits « si les pays d'où

---

(1) Édition de 1890, p. 38.

(2) Loi du 1er juin 1870, art. 13. Le même principe est formulé dans la loi *hongroise* des 20-24 décembre 1875, art. 33.

relèvent les intéressés par la filiation cherchent à faire prévaloir leur loi contre la nôtre » (1).

Il est certain que des difficultés s'élèveront dans l'espèce, entre la France et les pays où règne le principe du *jus sanguinis*. Nous doutons cependant qu'elles puissent être bien fréquentes. En Allemagne et en Autriche-Hongrie, la nationalité se perd, notamment par le *congé sur demande* (2), si l'on a satisfait à la loi militaire, et par un séjour prolongé pendant dix ans, en pays étranger. Or, les parents des enfants visés par l'art. 8-3° étant nés eux-mêmes en France et n'ayant peut-être jamais eu de domicile dans un autre pays, auront presque toujours perdu la qualité d'Allemands, d'Autrichiens, de Hongrois, par application du second principe (séjour à l'étranger pendant plus de dix ans). Souvent, même, le grand-père aura rempli l'une ou l'autre des deux conditions et aura été dénationalisé. En pareil cas, le conflit n'aura pas lieu. Il sera possible, au contraire, avec la Suisse.

La loi fédérale du 3 juillet 1876 permet bien à un citoyen de renoncer à sa nationalité ; mais il doit :

1° Ne plus avoir de domicile en Suisse ;

2° Jouir de sa capacité civile, d'après les lois du pays où il réside ;

3° *Avoir une nationalité étrangère.*

Ces trois conditions remplies, il est tenu de déclarer, par écrit, qu'il renonce à la nationalité suisse. S'il n'y a pas d'opposition, l'autorité compétente reconnaît qu'il est désormais libéré des liens de la nationalité cantonale et communale.

L'enfant né en France d'un Suisse qui lui-même y est né est à la fois Suisse et Français, puisque, par hypothèse, son père n'a pas acquis la nationalité fran

_____

(1) Page 109.

(2) *Entlassung auf antrag.*

çaise et n'a pu, en conséquence, faire la déclaration exigée pour cesser d'être citoyen suisse.

On éviterait toute difficulté en insérant dans le nouvel art. 8 du code civil français un paragraphe aux termes duquel l'enfant dont il s'agit ne deviendrait Français que s'il n'existait plus aucun lien entre lui et l'Etat d'où sa famille est originaire ;

3° L'art. 8-4° attribue la nationalité française à l'individu né en France d'un étranger et qui, *à l'époque de sa majorité, est domicilié en France,* à moins qu'il n'ait décliné cette qualité dans l'année qui suit sa majorité, telle qu'elle est déterminée par la loi française. Ce paragraphe est susceptible de produire plus de conflits que le précédent.

Un enfant naît en France d'un Allemand, d'un Autrichien ou d'un Hongrois, pendant un séjour momentané de ses parents. Il retourne dans le pays d'origine de son père peu après sa naissance. Quand il est *sur le point d'atteindre sa majorité*, il revient en France, pour bénéficier de la loi française. Il se garde bien de solliciter, avant de quitter l'étranger, un *congé sur demande* qui lui serait généralement refusé. Au moment de sa vingt-et-unième année, son domicile est donc fixé en France.

Cet enfant aura deux nationalités pendant dix ans et, en cas de guerre avec l'Etat d'où sa famille est originaire, il encourra la peine de mort, s'il porte les armes contre cet Etat.

Les conflits que nous venons d'examiner ne s'élèveront pas seulement, comme nous l'avons fait remarquer, entre la loi française et celle des pays où le *jus sanguinis* est absolu. Ils surgiront également avec les nombreux pays qui, à l'exemple de la France, pratiquent le *jus sanguinis* et tiennent compte en même temps du *jus soli* dans une mesure plus ou moins large (1).

_____

(1) Voir plus loin, page 54.

II. — ÉTATS QUI CONFÈRENT LA NATIONALITÉ PAR APPLICATION DU « *JUS SOLI* » A QUICONQUE NAIT SUR LE TERRITOIRE.

Le principe de l'acquisition de la nationalité en vertu du *jus soli* se retrouve encore chez les peuples où le régime féodal a laissé des traces profondes. Nous savons, en effet, que, dans la féodalité, la souveraineté territoriale s'exerçait sur toutes les personnes et sur toutes les choses situées dans les limites du territoire. On ne connaissait que le *statut réel*.

Le *jus soli* très étendu est également en vigueur dans les Etats de formation récente, dont le développement est dû, surtout, à l'immigration. « Si la plupart des » immigrants conservaient, pendant plusieurs généra- » tions, leur statut personnel d'origine, la plus grande » partie des habitants se trouverait en dehors de l'allé- » geance territoriale et exemptée des charges locales : » comment, dans ces conditions, les Gouvernements » pourraient-ils lever des troupes ? » (1) L'application du *jus soli* est donc nécessaire dans ces Etats, parmi lesquels il convient de citer les républiques latines de l'Amérique.

La naissance sur le territoire confère la qualité de national en *Angleterre*, au *Danemark*, aux *Pays-Bas*, au *Portugal*, aux *Etats-Unis d'Amérique*, et, comme nous venons de le dire plus haut, dans tous les Etats de l'Amérique latine : au *Brésil*, en *Bolivie*, au *Chili*, au *Pérou*, dans la *République argentine*, au *Véné- zuéla* (etc.)

Aucun pays ne pratique le *jus soli* d'une manière absolue. La législation de tous les Etats tient compte, dans une certaine mesure, du *jus sanguinis*, en faisant

---

(1) Cogordan. page 42.

produire des effets à la naissance sur un territoire étranger d'un enfant dont le père est un national. D'autres vont plus loin et, tout en conférant l'indigénat aux enfants nés de parents étrangers sur leur territoire, permettent à ces enfants de réclamer la nationalité de leur père, lorsqu'ils ont atteint leur majorité (1).

Enfin, on n'impose généralement pas la nationalité du lieu de la naissance aux enfants dont les parents résident sur le territoire pour le service de leur patrie. Ce principe s'applique notamment aux enfants des agents diplomatiques et des consuls.

En *Angleterre*, la nationalité britannique appartient aux individus nés de parents étrangers sur le territoire du royaume. Depuis un certain nombre d'années on considère comme Anglais les enfants nés d'un sujet britannique à l'étranger.

Un bill en date du 12 mai 1870 a atténué la rigueur du *jus soli* relativement aux individus nés sur le territoire anglais, en leur permettant de se dépouiller, à leur majorité, de la nationalité britannique, quand, par la filiation, ils sont sujets d'un pays étranger (2).

Au *Danemark* l'indigénat appartient à toute personne née sur le sol danois, même de parents étrangers, pourvu que cette personne demeure sur le territoire du royaume.

Aux *Pays-Bas*, on considère comme sujet néerlandais l'enfant né de parents établis depuis trois ans dans le pays, ou seulement depuis dix-huit mois, s'ils ont déclaré à la municipalité de leur domicile l'intention de s'y fixer (3). L'individu né d'un Néerlandais à l'étranger est Néerlandais de naissance.

---

(1) La loi portugaise leur donne encore plus de facilité pour perdre la qualité de sujets portugais (Voir page 50).

(2) Le texte ne dit pas de quelle majorité il s'agit. C'est, évidemment, la majorité anglaise.

(3) Loi du 29 juillet 1850, art. 3.

Au *Portugal* la nationalité d'origine appartient aux enfants nés de parents étrangers sur le territoire (1). Ils peuvent, cependant, après leur majorité ou leur émancipation, opter pour la nationalité de leurs parents. Ce système présente une certaine analogie avec celui qui a été introduit en Angleterre par le bill de 1870. Il est même plus large, puisqu'il permet au père d'effectuer l'option pour ses enfants, pendant leur minorité, sauf à eux à répudier plus tard la nationalité ainsi acquise et à redevenir sujets portugais.

Aux *Etats-Unis* les textes sont contradictoires. Certains magistrats appliquent l'ancien système anglais transmis aux Etats-Unis par la tradition et qui aurait été inséré dans le xiv⁰ amendement à la constitution. La cour suprême admet la théorie inverse et considère les enfants nés d'étrangers, sur le territoire, comme étrangers. Elle se fonde sur l'acte du 9 avril 1866 (section 1992), d'après lequel sont citoyens les individus nés aux Etats-Unis et qui ne sont sujets d'aucune puissance étrangère.

La pratique suivie par le Gouvernement de Washington est ainsi exposée dans une dépêche du 15 février 1888 (2) : « La règle est que les personnes nées » de parents français aux Etats-Unis sont citoyens des » Etats-Unis, tant qu'elles restent aux Etats-Unis et » que si, arrivées à l'âge de vingt et un ans, elles choi- » sissent la nationalité française, elles perdent tout » droit à la protection des Etats-Unis ». — C'est en réalité le système anglais tel qu'il résulte du bill de 1870.

Amérique latine. — Sont Argentins, d'après la loi du 1ᵉʳ octobre 1869, tous ceux qui sont nés dans la

---

(1) Code civil portugais, art. 18 et charte constitutionnelle du 29 avril 1826, art. 7.

(2) Adressée par M. Bayard, secrétaire d'Etat, à M. Mac Lane, ministre des Etats-Unis à Paris. — Cogordan, page 41.

République, quelle qu'ait été la nationalité de leurs parents. Le même principe se retrouve en *Bolivie* (1), au *Chili* (2), dans la *Colombie* (3), dans la *République Dominicaine* (4), dans la *République de l'Equateur* (5), au *Brésil*, au *Guatémala*, au *Paraguay*, en *Uruguay*, au *Vénézuéla*.

Toutes ces Républiques admettent le *jus sanguinis* pour l'enfant né en pays étranger et dont le père est un de leurs nationaux. Cet enfant acquiert la nationalité de ses parents par une option à sa majorité (République Argentine), ou par le transfert de son domicile dans le pays d'origine de son père (Bolivie, Chili, Colombie, etc.).

CONFLITS

Les difficultés qui surgissent entre la France et les pays où prédomine le *jus soli* sont fréquentes et, dans bien des cas, aucune transaction ne paraît possible. Comment espérer obtenir des Républiques latines de l'Amérique qu'elles ne soumettent pas à leur allégeance les enfants nés de parents français sur leur territoire ? (6).

Le *jus soli* est, dans ces Républiques, un principe d'ordre public. Son application contribue à leur développement et à leur prospérité. De notre côté, nous sommes d'autant moins portés à des concessions que l'accroissement de la population indigène est, comme on le sait, très peu sensible en France.

---

(1) Constitution du 15 février 1878.

(2) Constitution du 25 mai 1833.

(3) Constitution du 4 août 1886, art. 8.

(4) Constitution révisée en 1879.

(5) Constitution du 11 août 1869.

(6) Nous verrons cependant plus loin, page 56, que le *Mexique* et les Etats de *Costa-Rica* et de *Salvador* reconnaissent la qualité d'étranger, sauf un droit d'option, à l'enfant né d'un étranger sur leur territoire.

« Est Français, dit le nouvel article 8 du Code civil, tout individu né d'un Français en France *ou à l'étranger*. (2) ».

Le Gouvernement s'en est toujours tenu à la lettre de cette disposition et n'a cessé de revendiquer comme ses nationaux les enfants nés d'un Français en pays étranger (3). S'ils ne se présentent pas pour faire leur service militaire, on les déclare insoumis et la protection des agents diplomatiques français leur est refusée. Ces individus ont donc, à la fois, deux patries, l'une en vertu du *jus soli*, l'autre *jure sanguinis*.

La règle suivie en *Angleterre*, aux *États-Unis* et au *Portugal*, qui autorise l'enfant à réclamer, à sa majorité, la nationalité de ses parents, n'est-elle pas de nature à éviter les conflits ? S'il revendique la qualité de Français à sa majorité, toute difficulté cessera, à partir de ce moment. Mais, nous ne devons pas oublier que dès l'âge de vingt ans, l'enfant aura été appelé, en France, sous les drapeaux et qu'il aura encouru, faute de s'être présenté, les pénalités qui atteignent les insoumis (1). On pourrait remédier à cet inconvénient, par une disposition de loi d'après laquelle les jeunes gens dont nous parlons ne seraient pas astreints au service militaire en France, avant d'avoir accompli leur vingt-deuxième année.

Si dans l'année de sa majorité l'enfant ne revendique

---

(1) L'ancien art. 10 § 1 attribuait également la qualité de Français à l'enfant né d'un Français en pays étranger.

(2) Voir, notamment, une circulaire du Ministre des affaires étrangères du 16 juin 1876.

(3) Nous avons vu qu'au *Portugal* l'enfant peut réclamer la nationalité de ses parents, dès qu'il est émancipé.

Nous savons aussi que le père a la faculté d'opter pour ses enfants *mineurs*. Dans les deux cas, l'enfant pourra donc satisfaire à la loi militaire française, sans crainte d'être recherché comme Portugais insoumis. Mais le conflit s'élèverait pour les orphelins qu'on ne croirait pas devoir émanciper et il aurait d'autant plus d'importance qu'au Portugal la majorité est à 25 ans.

pas la qualité de Français, il a alors deux patries, et le conflit se présente dans toute sa gravité. Toutefois, en 1858, les Anglais ont imaginé une solution destinée à éviter, en pareil cas, toute difficulté avec la France. Une dépêche de lord Malmesbury à l'ambassadeur britannique à Paris expose que *si l'Angleterre reconnaît comme Anglais les enfants nés dans les îles britanniques de parents étrangers, elle ne prétend nullement les protéger comme tels contre les autorités du pays d'où relèvent leurs parents et qui les réclament légalement, cela surtout quand ils sont volontairement retournés dans ce pays* (1).

Aucune déclaration de ce genre n'a été faite par les *Etats-Unis* et par le *Portugal*.

La nouvelle loi française de 1889 ne fournit pas de moyen d'éviter le conflit. Si l'on invoque, pour résoudre la difficulté, la disposition de l'art. 17, aux termes duquel « perd la qualité de Français celui qui acquiert, sur sa demande, la nationalité étrangère *par l'effet de la loi* », et si l'on prétend appliquer cet article, dans notre espèce, à l'enfant resté Portugais ou Américain, faute d'une option pour la France, à sa majorité, nous répondrons que l'article 17 ne concerne nullement notre hypothèse. Il suppose un enfant né d'un Français en pays étranger, *regardé comme Français* par la législation de ce pays et qui n'a qu'une déclaration à faire à sa majorité pour acquérir la nationalité du lieu de sa naissance. Ici, au contraire, l'enfant né d'un Français est devenu étranger de plein droit en vertu du *jus soli*. Il n'a pas à acquérir la nationalité étrangère *sur sa demande*, puisque la loi la lui confère. Les deux cas sont donc bien différents.

Il serait possible d'empêcher le conflit en autorisant l'individu né d'un Français en pays étranger à renoncer

(1) Cogordan, page 39.

une fois majeur à la nationalité française pour conserver celle que lui donne la législation du lieu de sa naissance (1).

III. ÉTATS QUI COMBINENT LE « *JUS SANGUINIS* » ET LE « *JUS SOLI* ».

Les États qui, à l'exemple de la France, ont fait un compromis entre les deux principes sont, en Europe, la *Belgique*, la *Bulgarie*, l'*Espagne*, la *Grèce*, l'*Italie*, le *Luxembourg*, la *Russie* et la *Turquie* ; en Amérique, le *Mexique*, l'État de *Costa-Rica* et le *Salvador*.

Tous ces États, sans exception, appliquent le *jus sanguinis* à l'enfant né à l'étranger d'un de leurs sujets. Dans presque tous, le principe de notre ancien art. 9 est en vigueur.

La *Belgique* est encore régie, en ce qui concerne l'acquisition de la nationalité au moment de la naissance, par le Code civil français de 1804. L'enfant né d'un Belge en Belgique ou en pays étranger est Belge (art. 10 § 1). L'individu né en Belgique d'un étranger peut réclamer la qualité de Belge, dans l'année de sa majorité (art. 9). Une loi du 6 août 1881 *sur les naturalisations* a élargi le principe de l'art. 9 en permettant à l'enfant qui aurait négligé de faire la déclaration prescrite par cet article, d'acquérir la grande naturalisation (2) sans remplir les conditions exigées des étrangers ordinaires (3). Remarquons, toutefois, qu'il s'agit

---

(1) On pourrait aussi recourir à un moyen analogue à celui que l'*Angleterre* a adopté dans ses rapports avec le *Montévidéo* (Instructions envoyées le 20 décembre 1842 au Consul britannique) : Les enfants nés hors des possessions françaises de père français seraient Français en France, mais ne pourraient pas invoquer cette qualité contre le Gouvernement du pays de leur naissance, du moins tant qu'ils y demeureraient.

(2) Qui seule confère les droits politiques (art. 1).

(3) Être âgé de 25 ans accomplis, être marié, avoir résidé en Belgique pendant 10 ans au moins (art. 2).

ici non d'un *droit* pour l'enfant, mais d'une simple *faveur* qui peut lui être refusée.

En *Bulgarie*, on confère la nationalité bulgare à l'enfant né d'un Bulgare à l'étranger. L'individu né en Bulgarie d'un étranger n'acquiert la nationalité du lieu de sa naissance que s'il n'a pas acquis celle de son père. Enfin, l'enfant né sur le territoire d'un étranger qui lui-même y est né est Bulgare, sauf une faculté d'option à sa majorité (1).

En *Espagne*, malgré les termes contraires des Constitutions qui se sont succédé, et notamment de la dernière en date du 30 juin 1876, on reconnaît, dans la pratique, que l'enfant né d'un étranger sur le territoire espagnol reste étranger. On lui accorde simplement la faveur de renoncer à la nationalité de son père, pour s'en tenir à celle du lieu de sa naissance (2). L'option a lieu, si l'intéressé a été émancipé étant mineur, dans l'année qui suit sa majorité fixée à vingt-cinq ans. Sinon elle doit être effectuée au moment de l'émancipation (3).

La *Grèce*, de même que la Belgique, a adopté le Code civil français de 1804. L'individu né d'un étranger en Grèce est étranger mais peut devenir sujet hellène en remplissant les conditions de notre ancien article 9 et en prêtant serment de sujétion devant le *nomarque* compétent.

En *Italie*, la disposition de notre ancien article 9 est également en vigueur, d'après le Code civil de 1865, lorsque les parents de l'enfant résident dans le pays, au moment de sa naissance, depuis *moins* de dix ans.

---

(1) Constitution du 16 avril 1879 et loi du 26 février 1883.

(2) Voir la déclaration faite aux Cortès, par M. *Olozaga*, le 11 mai 1837.

(3) En Espagne, la puissance paternelle ne prend pas fin par la majorité de l'enfant. Elle cesse par la mort du père, l'élévation du fils à un emploi public, l'émancipation. Comme on le voit, le droit romain a laissé des traces très profondes dans la Péninsule.

Dans le cas contraire, on estime que la famille est fixée définitivement en Italie et l'enfant est Italien. Pour se soustraire à cette nationalité, il doit opter pour la patrie de son père, dans l'année de sa majorité.

Au *Luxembourg* on trouve aussi un principe analogue à celui de notre ancien article 9. Une nouvelle loi du 27 janvier 1878 déclare, cependant, Luxembourgeois l'enfant né dans le Grand-Duché, d'un étranger qui y est né lui-même et y a résidé jusqu'à la naissance de son enfant, à moins que dans l'année de sa majorité, l'enfant n'ait réclamé la qualité d'étranger (2).

En Russie, l'oukase du 6 mars 1864 sur la *naturalisation* déclare, dans son article 12, que les enfants d'étrangers non naturalisés Russes, qui sont nés et ont été élevés en Russie acquièrent le *droit* d'obtenir la naturalisation russe, dans la première année de leur majorité.

La *loi ottomane* du 19 janvier 1876 permet à l'enfant né dans l'Empire d'un étranger, de réclamer la nationalité ottomane, dans les trois années qui suivent sa majorité.

Au *Mexique*, l'individu né de père étranger ou de mère étrangère et de père inconnu reste étranger tant qu'il est soumis à la puissance paternelle. A sa majorité on lui accorde un an, pour déclarer son intention de rester étranger, sinon il devient Mexicain par l'effet de la loi (1).

Dans l'Etat de *Costa-Rica*, la loi du 20 juillet 1861 applique le principe de notre ancien art. 9.

Dans la République du *Salvador*, sont citoyens par la naissance, en vertu de la loi constitutionnelle : 1° Tous ceux qui sont nés sur le territoire *excepté les*

---

(2) C'est le système de nos anciennes lois des 7 février 1851 et 16 décembre 1874.

(1) Loi sur les étrangers et la naturalisation, du 28 mai 1886 (art. 2-11).

fils d'étrangers non naturalisés; 2° les fils d'un étranger marié avec une Salvadorienne (1).

CONFLITS

Un enfant naît sur le territoire français d'un père originaire de l'un des Etats énumérés ci-dessus. Il tombe sous l'application de l'art. 8-3° ou de l'art. 8-4° ou de l'art. 9. Dans les deux premiers cas, il est Français de plein droit.

Nous avons vu plus haut (2) en parlant des pays où règne le *jus sanguinis* absolu, que cet enfant se trouve avoir deux patries.

Les différents Etats qui combinent le *jus sanguinis* et le *jus soli* ne considèrent pas encore la naissance d'un de leurs sujets à l'étranger comme pouvant lui conférer la nationalité étrangère, si cette nationalité lui est imposée *jure soli.*

Il semble donc que notre nouvelle loi doive rendre fréquentes les difficultés avec ces Etats. Cependant les conflits seront rares entre la France et les pays où la nationalité se perd par le séjour à l'étranger sans esprit de retour (3), car les parents des enfants auxquels se réfère l'art. 8-3° et 4°, se trouveront ordinairement dans ce cas. Ils seront plus nombreux avec les autres Etats où l'allégeance ne disparaît que par une naturalisation acquise à l'étranger ou par une déchéance.

Rien n'empêche, du reste, des arrangements diplomatiques d'intervenir pour concilier les intérêts en cause. En fait, il en existe un entre la France et l'Espagne (4).

---

(1) Cogordan, page 43.

(2) Page 45.

(3) Il en est ainsi, notamment en *Belgique* et en *Italie*. Au contraire, le conflit aura lieu avec la *Russie*, où règne encore l'allégeance perpétuelle, la *Turquie*, l'*Espagne*, la *Grèce*, etc.

(4) La convention Franco-Espagnole de 1862 stipule que les Espagnols nés

CHAPITRE II.

ACQUISITION DE LA QUALITÉ DE NATIONAL POSTÉRIEURE-
MENT A LA NAISSANCE, PAR LE BIENFAIT DE LA LOI.

L'acquisition de la nationalité par le bienfait de la loi ne doit pas être confondue avec la naturalisation, ainsi que nous l'avons fait observer dans notre première partie (1). Le bienfait de la loi constitue un droit ; au contraire, la naturalisation est une faveur qu'un gouvernement peut accorder ou refuser.

Notre nouvelle loi du 26 juin 1889, dans le but d'augmenter le nombre de nos nationaux, indique six cas où, postérieurement à sa naissance, un étranger a *le droit* de réclamer la nationalité française. Nous les avons passés en revue (2). Pour être logique avec elle-même, cette loi devait comprendre, à titre de réciprocité, le bénéfice d'un acte législatif étranger, parmi les

---

en France ne seront pas enrôlés dans notre armée s'ils produisent la preuve qu'ils ont satisfait à leurs obligations militaires en Espagne (et réciproquement pour les Français nés dans la Péninsule). Cette stipulation n'avait, dans la plupart des cas, aucune raison d'être, puisqu'en 1862, l'enfant né en France d'un étranger n'était pas Français. Il n'acquérait cette qualité que s'il était né en France d'un étranger qui lui-même y était né (loi du 7 février 1851). — Sauf dans ce dernier cas, un Espagnol né en France ne pouvait donc être appelé sous les drapeaux que par erreur et il lui suffisait d'invoquer sa nationalité pour être aussitôt rendu à la vie civile.

Depuis la nouvelle loi de 1889, la convention peut s'appliquer au cas de l'enfant né en France d'un Espagnol et qui est domicilié en France, à l'époque de sa majorité ; mais la disposition qu'elle renferme figure, d'une façon générale, dans le texte de la loi (art. 8, 4°).

(1) Voir page 14.
(2) Voir page 15.

moyens de perdre la qualité de Français. C'est ce qu'elle a fait, comme nous le verrons dans un instant.

Auparavant, lorsqu'un individu naissait d'un Français en pays étranger, il était Français et ne pouvait se dépouiller de cette nationalité que par la naturalisation, l'absence d'esprit de retour, l'acceptation de fonctions publiques à l'étranger, sans autorisation, l'engagement dans les armées étrangères. C'était vainement qu'il invoquait, pour se soustraire à notre loi sur le recrutement, un texte étranger analogue à celui de notre ancien article 9 (1).

Aujourd'hui, le nouvel art. 17 du Code civil permet à un Français de perdre cette qualité en invoquant le bienfait d'une loi étrangère, à condition d'y être autorisé par le gouvernement français, s'il est encore soumis aux obligations du service militaire, pour l'armée active. Cette autorisation ne sera jamais refusée, si l'enfant paraît définitivement établi à l'étranger et le conflit sera, ainsi, évité.

Nous n'avons découvert, dans la législation des différents peuples, aucun texte permettant la dénationalisation d'un sujet par le bienfait d'une loi étrangère (2).

Cette discordance entre la législation française et les lois des autres Etats occasionnera nécessairement des difficultés dont les étrangers appelés à profiter du bienfait de notre loi auront à souffrir. Des conflits pourraient même s'élever si le principe français était reconnu à l'étranger. En effet, l'option en faveur de la France, permise dans quelques cas, par la loi de 1889, est un acte qui suppose la capacité civile. Elle est autorisée

---

(1) Voir arrêt de la Cour d'appel de Douai, du 14 décembre 1881, contre un sieur Carlier, né en Belgique de parents français (*Revue pratique de droit Français*, 1882, p. 155).

(2) A moins qu'on ne voie la reconnaissance de ce principe dans la constitution des Etats-Unis de *Colombie* du 8 mai 1863. La nationalité se perd par l'acquisition de la nationalité et d'un domicile en pays étranger.

dans l'année, à partir de la majorité française, c'est-à-dire entre vingt-et-un ans et vingt-deux ans. Or, les individus appelés à bénéficier de notre loi sont par hypothèse, des étrangers. Si la législation de leur pays fixe l'époque de la majorité à vingt-trois ans seulement, comme aux Pays-Bas, ou à vingt-cinq ans, comme au Mexique ou en Espagne, ils auront, en optant pour la France après leur vingt-et-unième et avant leur vingt-deuxième année, accompli un acte de capacité étant encore mineurs. Cet acte sera nul aux yeux de leur loi nationale et ils conserveront leur patrie d'origine. Il est donc regrettable que la nouvelle loi de 1889 ait permis la faculté d'option, uniformément à partir de vingt-et-un ans, sans tenir compte des dispositions de lois étrangères relatives à la capacité.

Voyons les contestations que pourra soulever l'acquisition de la qualité de Français, postérieurement à la naissance, par le bienfait de la loi.

1er Cas. — Aux termes de l'art. 9-1°, tout individu né en France d'un étranger et qui n'y est pas domicilié à l'époque de sa majorité, pourra, jusqu'à l'âge de vingt-deux ans accomplis, réclamer la qualité de Français, à condition de se fixer en France.

Un enfant est né sur notre territoire d'un père Autrichien. Il a quitté la France dans son jeune âge et a été élevé en Autriche. Peu après sa majorité, il fait sa soumission d'établir son domicile en France et s'y fixe dans l'année. Il sera Français, mais pendant dix ans encore il conservera sa nationalité autrichienne (1).

2e Cas. — D'après l'art. 10, tout individu né à

---

(1) L'exemple que nous donnons est applicable également à la *Hongrie* et à l'*Allemagne*. En *Belgique* le conflit pourra être évité par la dénationalisation résultant de l'absence d'esprit de retour. Au contraire le conflit aura plus d'importance avec la *Russie* où règne encore, en fait, l'allégeance perpétuelle. Le conflit sera, du reste, possible avec presque tous les pays.

l'étranger de parents dont l'un a perdu la qualité de Français peut réclamer cette qualité à tout âge, aux conditions de l'art. 9 (1).

Un Français s'est établi à l'étranger où il a obtenu la naturalisation. Plus tard, il lui naît un enfant légitime. Après avoir atteint sa vingt-et-unième année, cet enfant vient en France et réclame la qualité de Français. Comme dans l'hypothèse précédente, il aura deux patries. Ce cumul sera permanent ou temporaire, suivant que, dans son pays d'origine, la nationalité se perdra plus ou moins facilement.

3e et 4e cas. — La femme mariée à un étranger qui se fait naturaliser Français et les enfants majeurs de l'étranger naturalisé peuvent, s'ils le demandent, obtenir la qualité de Français comme conséquence de la déclaration qu'ils feront, dans les termes et sous les conditions de l'art. 9 (art. 12).

Les enfants mineurs d'un père ou d'une mère survivant qui se fait naturaliser Français deviennent Français, à moins qu'ils ne déclinent cette qualité dans l'année de leur majorité (art. 12, *in fine*).

Les deux cas qui précèdent provoqueront toujours des conflits avec les États où la perte de l'allégeance, par la naturalisation acquise à l'étranger, atteint l'individu naturalisé seulement et ne frappe ni sa femme, ni ses enfants, lorsqu'ils n'obtiennent pas eux-mêmes une véritable naturalisation (2). Dans les pays où la perte de la qualité de national s'étend, de plein droit, à la femme et à l'enfant mineur du naturalisé (3), le conflit

---

(1) Ce texte ne doit pas être toujours pris à la lettre. Il aboutirait à des conséquences contraires à la volonté du législateur. Ainsi, un enfant naît à l'étranger d'un père *français* et d'une mère qui a acquis une nationalité étrangère avec l'autorisation de son mari. Tout le monde admet que cet enfant aura la nationalité de son père. L'art. 10 paraît le considérer comme étranger.

(2) Portugal, Russie, Turquie, etc.

(3) Allemagne, Autriche-Hongrie, Bulgarie, Colombie, États-Unis d'Amérique, Angleterre, Italie, Suisse, etc.

ne surgira qu'à l'égard des enfants majeurs qui, en dehors de la naturalisation proprement dite voudront devenir Français par le bénéfice des art. 12 et 9 de la nouvelle loi.

5ᵉ Cas. — L'étrangère qui aura épouse un Français suivra la condition de son mari (art. 12).

Presque tous les peuples admettent que la femme perd sa nationalité par son mariage avec un étranger (quand bien même elle n'acquerrait pas la nationalité de son mari). Cependant, la Constitution de l'Etat de Salvador, du 4 décembre 1883, conserve à la femme ressortissant à cet Etat sa patrie d'origine, lorsqu'elle épouse un étranger (art. 42). Si son mari est Français, elle aura deux nationalités.

Notre article 12 devrait donc être rédigé d'une façon moins absolue et contenir des réserves destinées à empêcher le conflit.

CHAPITRE III

ACQUISITION ET PERTE DE LA NATIONALITÉ PAR LA NATURALISATION.

Tous les pays pratiquent la naturalisation, c'est-à-dire l'admission des étrangers au rang de leurs nationaux, par un acte souverain et *discrétionnaire* de la puissance publique. Ils y ont un intérêt évident. Les étrangers peuvent, en effet, apporter des talents distingués, introduire des industries ou des inventions utiles. Si la population indigène est jugée insuffisante, la naturalisation augmente le nombre des sujets appelés à supporter les charges communes et à défendre le territoire. Au contraire, la dénationalisation n'est pas reconnue partout. Plusieurs Etats soumettent encore leurs nationaux à l'allégeance perpétuelle. Ce sont :

1° La *Russie*, régie, en fait, par l'oukase du 6 mars 1864 qui ne permet la perte de la nationalité qu'aux femmes russes épousant un sujet étranger et aux étrangers devenus sujets russes postérieurement à leur naissance (1) ;

2° La *République Argentine*, où une loi du 1er octobre 1869, (art. 4), déclare que les nationaux naturalisés à l'étranger perdent les droits politiques, mais non la nationalité ;

_____

(1) L'Oukase du 1er janvier 1874 porte que « tout homme au-dessus de » quinze ans *ne peut cesser d'être sujet russe*, à moins d'avoir satisfait aux » obligations militaires ou d'en être exempté. » Ce texte semble abolir l'allégeance perpétuelle. En réalité, il n'est pas appliqué. Le séjour prolongé à l'étranger, l'émigration, etc., attirent des peines sévères sur les absents.

3° Le *Vénézuéla* dont la constitution porte : « Les personnes qui fixent leur domicile en pays étranger et qui y acquièrent la nationalité, ne perdent pas leur caractère de Vénézuéliens » ;

4° *Les Etats-Unis d'Amérique.* — Dans ce pays, un bill de 1868 a condamné le principe de l'allégeance perpétuelle ; mais ce bill n'a été suivi d'aucune loi. Le Gouvernement américain considère que les citoyens des Etats-Unis ne pourront pas perdre cette qualité tant qu'une loi spéciale n'aura pas été votée sur les conditions auxquelles l'expatriation et le changement de nationalité seront soumis. Pour atténuer les difficultés internationales que doit provoquer cette doctrine, les Américains ont signé un certain nombre de traités ; il n'en existe pas avec la France.

D'autres Etats moins rigoureux permettent la dénationalisation, mais la subordonnent soit à une autorisation, comme en *Turquie* (1), soit une simple déclaration, comme en *Suisse* (2).

En Allemagne et en Autriche-Hongrie, la perte de la nationalité résulte d'un *congé sur demande*, d'un séjour prolongé en pays étranger ou d'une déchéance infligée dans certaines circonstances. En dehors de ces cas, l'allégeance subsiste.

Dans tous les autres pays, la nationalité se perd, sans restriction, par la naturalisation acquise en pays étranger.

Certains Etats, en vue de maintenir l'unité de la famille, font produire à l'acquisition et à la perte de la nationalité, par la naturalisation, des effets collectifs. La femme et les enfants mineurs suivent, de plein droit, la nationalité du père.

Il en est ainsi en *Allemagne* (3), en *Angleterre* (4),

---

(1) Loi du 19 janvier 1869 (art. 5).
(2) Loi fédérale du 3 juillet 1876 (art. 5, 6 et 7).
(3) Loi de 1870 (art. 11).
(4) Bill du 12 mai 1870 (art. 10, 3° et 4°).

en *Autriche-Hongrie* (1), en *Italie* (2), en *Bulgarie* (3), en *Suisse* (4), dans la *République Argentine* (5), dans la *Colombie* (6).

Ailleurs, on prétend que la volonté étant nécessairement individuelle, le changement de nationalité doit être personnel à celui qui l'obtient (7).

Les pays de formation récente, qui ont besoin de nationaux, accordent facilement la naturalisation. Ainsi, dans la *République Argentine* que nous venons de citer, on confère la naturalisation aux étrangers qui ont demeuré deux années consécutives sur le territoire, ou qui ont établi une nouvelle industrie, introduit une invention utile, qui ont épousé des femmes argentines, acheté des propriétés foncières, ouvert des établissements d'instruction, etc. (8).

Au *Mexique*, on se contente également de deux années de séjour, ou de l'achat d'une propriété, ou de la déclaration d'un enfant. Dans ces deux derniers cas, la naturalisation est acquise *ipso facto*.

En *Bolivie*, il suffit d'une déclaration, après un an de résidence.

En *Colombie*, il en est de même. On peut aussi obtenir la naturalisation, sans condition de séjour.

Au *Vénézuéla*, on n'exige des Hispano-Américains qu'une déclaration. Les autres étrangers doivent, pour se faire naturaliser, adresser une requête aux autorités locales, à moins qu'ils n'arrivent dans le pays comme

---

(1) Voir loi hongroise des 20, 24 décembre 1879 (art. 26).

(2) Code civil (art. 5 et 10).

(3) Loi du 26 février 1883 (art. 6).

(4) Loi du 3 juillet 1876 (art. 3 et art. 8, n° 3).

(5) Loi du 1er octobre 1879 (art. 3, a contrario).

(6) Loi du 11 avril 1843 (art. 2).

(7) Il en est ainsi notamment en *Russie*, en *Turquie*, en *Grèce*, en *Espagne*, etc.

(8) Loi du 1er octobre 1869 (art. 2).

immigrants, auquel cas ils reçoivent des lettres de naturalisation, sans même qu'ils les demandent (1).

Le Gouvernement de la nouvelle République du *Brésil* a promulgué, le 15 décembre 1889, une loi de grande naturalisation aux termes de laquelle tous les étrangers sont, sauf refus de leur part, citoyens brésiliens, depuis la date de la proclamation de la République. Tous les nouveaux arrivants seront considérés comme citoyens brésiliens après deux années de résidence et jouiront de tous les droits civils et politiques, sauf refus de leur part.

Les Etats où la population indigène est nombreuse et s'accroît rapidement soumettent l'acquisition de la nationalité à des conditions multiples et rigoureuses (2).

Pour obtenir la naturalisation, il faut être capable. Il paraîtrait logique d'exiger de l'étranger la capacité qui résulte de sa loi nationale. Le principe contraire doit, en effet, entraîner nécessairement des conflits. Or, dans leurs lois sur la naturalisation, bien peu d'Etats se préoccupent des législations étrangères.

Les seuls pays où l'on évite de conférer la naturalisation à des individus qui ne seraient pas capables, d'après les lois de leur patrie, sont : l'*Angleterre,* l'*Allemagne,* la *Hongrie,* le *Portugal,* la *Suisse* et le *Luxembourg.*

En *Angleterre,* le bill de 1870 dit que l'étranger naturalisé jouira des mêmes droits que le citoyen d'origine, pourvu qu'il soit considéré comme sujet britannique dans son ancienne patrie (art. 7).

La loi *allemande* de 1870, s'exprime ainsi : « La naturalisation ne pourra être conférée aux étrangers

---

(1) Cogordan, p, 246.

(2) L'Allemagne exige que l'on soit capable de disposer, que l'on soit de bonnes vie et mœurs, qu'on ait une habitation au lieu où on veut s'établir, que l'on soit en état de subvenir à ses propres besoins et à ceux de sa famille.

que lorsque, d'après la loi de leur pays d'origine, ils seront aptes à contracter (art. 8).

En *Hongrie*, l'étranger doit justifier de sa capacité juridique ou du consentement de son représentant légal (1).

Le *Portugal* n'accorde le bénéfice de la naturalisation qu'à l'étranger majeur à la fois suivant la loi de son pays d'origine et suivant la loi portugaise (2).

En *Suisse*, le Conseil fédéral permet la naturalisation seulement lorsque les rapports de l'étranger avec son pays d'origine sont tels que son admission à la nationalité suisse n'entrainera pour la Confédération aucun préjudice (3).

Les lois des autres Etats ne parlent pas des conditions de capacité ou déclarent simplement que la naturalisation pourra être acquise à vingt-et-un ans. La Bulgarie, même, ne craint pas d'aller au-devant des conflits. La naturalisation peut y être demandée par tout étranger majeur de vingt-et-un ans, même non autorisé par le Gouvernement de son pays d'origine (4).

CONFLITS.

I. — Naturalisation d'un étranger en France.

A. — Un individu soumis à l'*allégeance perpétuelle* (Russe, Argentin, Vénézuélien ou Américain) obtient sa naturalisation en France. Il aura, à la fois, deux patries. Pour éviter le conflit, il faudrait, ou refuser

---

(1) Loi du 20-24 décembre 1879 (art. 8ᵃ). L'*Autriche* n'exige de l'étranger la preuve qu'il est délié de toute allégeance avec son pays d'origine que si ce pays est l'*Allemagne* ou la *Hongrie* (Instructions du Ministre de l'intérieur 1870-1871).

(2) Constitution du 29 avril 1826 (art. 7).

(3) Art. 2 de la loi de 1876. — Voir note officielle (Cogordan), p. 529.

(4) Loi du 24 février 1883 (art. 16).

d'accéder à la demande de cet individu, ou introduire dans notre loi une restriction analogue à celle qui existe en Angleterre, en Suisse et au Luxembourg.

B. — Un sujet Turc se fait naturaliser en France, sans en avoir obtenu l'autorisation de son gouvernement; ou bien il s'agit d'un Suisse qui n'a pas fait la déclaration exigée par la loi fédérale ; ou bien encore, c'est un Allemand qui n'a pas obtenu son *congé sur demande* (2). Cet individu, comme dans l'hypothèse précédente, sera citoyen de deux Etats. — Les moyens d'empêcher le conflit seraient les mêmes que ceux indiqués ci-dessus.

C. — Un étranger citoyen d'un Etat où la naturalisation ne produit pas d'effets collectifs (*Belgique, Grèce, Russie, Espagne*, etc.) se fait naturaliser en France. Il est marié et père d'enfants dont les uns sont majeurs et les autres mineurs. Nous avons vu que notre loi de 1889 confère, de plein droit, aux enfants mineurs la nouvelle nationalité du père et permet simplement à la femme et aux enfants majeurs de devenir Français, sur leur demande, sans condition de stage. C'est une sorte de système mixte. Du reste, que l'allégeance soit accordée *ipso facto* ou sur une demande qu'il n'est pas permis de discuter et, au besoin, de rejeter, nous nous trouvons, dans l'espèce, en présence d'un cas d'acquisition de la nationalité par le bienfait de la loi. Nous avons étudié cette hypothèse plus haut (2). La femme et les enfants du Belge, du Grec, de l'Espagnol naturalisé Français conserveront leur nationalité d'origine tout en acquérant la qualité de Français et auront, ainsi, deux patries.

D. — Un Espagnol ou un Néerlandais âgé de vingt-et-

---

(1) La double allégeance ne durera, pour l'Allemagne, que pendant dix ans.
(2) Voir page 61.

un ans sollicite la naturalisation française. Bien que la nouvelle loi soit muette sur la question de savoir à quel âge on peut être naturalisé Français, son esprit n'est pas douteux. La majorité qui rend un étranger capable d'acquérir la qualité de Français est fixée à vingt-et-un ans. De cette façon toute incertitude cesse, a dit M. Delsol, rapporteur (1). Si l'Espagnol ou le Néerlandais obtient la naturalisation, sa patrie d'origine considérera comme nul ce changement de nationalité appliqué à un mineur et le conflit apparaîtra dans toute sa gravité (2).

II. — Naturalisation d'un Français à l'étranger.

A. — Un Français se rend au Mexique et y achète des terres. Cette acquisition le rend Mexicain *ipso facto*, même contrairement à sa volonté. La nationalité lui est imposée. En France, il sera regardé comme n'ayant jamais cessé d'être Français, car à nos yeux, la naturalisation suppose un accord de volonté, c'est-à-dire un contrat.

Il faudrait trancher de la même manière, la question de savoir si un Français domicilié au Brésil lors de la loi de grande naturalisation du 15 décembre 1889 et devenu Brésilien de plein droit est valablement soustrait à notre allégeance, en admettant même qu'il n'ait pas refusé, par une démarche spéciale, la nationalité ainsi conférée, sans aucune manifestation de sa volonté.

---

(1) Voir plus haut, page 22. Faut-il rappeler que l'ancienne loi de 1867, sur la naturalisation, était formelle et indiquait l'âge de 21 ans. Si le législateur de 1889 avait voulu innover sur ce point, il s'en serait formellement exprimé. Aussi, nous est-il impossible de nous ranger à l'opinion contraire professée par M. Cogordan (page 132).

(2) La naturalisation française ne devrait être conférée à une femme mariée qu'avec l'autorisation de son mari, à moins que sa loi nationale ne lui conserve pendant le mariage toute sa capacité, comme cela a lieu en Russie.

B. — Notre nouvelle loi du 24 juin 1889 déclare Français, avons-nous dit, les enfants mineurs de l'étranger qui obtient la naturalisation. Mais elle n'admet nullement la réciprocité. Il faut en conclure que, dans les pays où la naturalisation produit des effets collectifs, en Autriche-Hongrie, par exemple, ou en Bulgarie, les enfants mineurs du Français naturalisé Autrichien, Hongrois ou Bulgare, devenus étrangers, en même temps que leur père, sont restés Français. En France, comme partout ailleurs, le mineur est incapable. Il ne pourrait acquérir la capacité de changer de patrie que si un texte formel l'y autorisait. Or, ce texte n'existe pas. Si l'on fait observer que, dans notre hypothèse, le mineur perd sa nationalité, non par une naturalisation proprement dite, mais par le bienfait d'une loi étrangère, situation que prévoit et autorise le nouvel article 17, nous répondrons que cet article est inapplicable dans l'espèce, car il suppose à la fois la capacité et l'initiative propre de Français. « Perdent la qualité de Français : 1° celui qui acquiert *sur sa demande* la nationalité étrangère, par l'effet de la loi...». L'art. ajoute que s'il est encore soumis au service militaire, une autorisation du gouvernement lui est nécessaire pour changer de patrie.

On éviterait facilement tout conflit par des conventions semblables à celle qui existe entre *la France* et *la Suisse*, depuis le *11 juillet 1880*. L'art. 1er de cette *convention*, tout en reconnaissant aux enfants mineurs du Français naturalisé Suisse la qualité de Français, pendant leur minorité, leur permet de devenir Suisses, par une simple déclaration d'option faite dans le cours de leur vingt-deuxième année. L'appel sous les drapeaux est ajourné, de part et d'autre, pour les intéressés, jusqu'au moment où ils ont passé les délais de l'option.

C. — Une femme française mariée se fait naturaliser

en pays étranger sans l'autorisation de son mari ou, à son défaut, sans l'autorisation de justice. L'incapacité qui frappe la femme mariée, dans notre législation, rendra cette naturalisation nulle en France. Si la femme mariée est séparée de corps, la solution doit être la même.

Cette question, cependant, a été vivement discutée, dans un procès qui eut un grand retentissement. En 1861, un Français, M. de Bauffremont épousa une Belge, Mlle de Caraman-Chimay. Celle-ci devint Française par son mariage. Une séparation de corps étant intervenue, Mme de Bauffremont se fit naturaliser sans aucune autorisation, dans la principauté de Saxe-Altenbourg, pays où le divorce est en vigueur, mais non la séparation de corps. Elle fit alors rompre son mariage par l'autorité allemande et se rendit à Berlin où elle se remaria, le 24 octobre 1875, avec le prince Georges Bibesco, de nationalité roumaine. M. de Bauffremont attaqua ce mariage en France. Il prétendit que la séparation de corps n'avait pas dissous le mariage, que la naturalisation acquise par sa femme sans l'autorisation maritale était nulle et que par conséquent Mme de Bauffremont n'avait pu contracter un nouveau mariage.

Le tribunal de la Seine lui donna gain de cause, par un jugement du 17 juillet 1876. Mais, la justice belge ayant été appelée, de son côté, à connaître de cette affaire, le tribunal de Charleroi déclara valable, le 3 janvier 1880, la naturalisation acquise dans le duché de Saxe-Altenbourg, par Mme de Bauffremont, pour cette raison que que la naturalisation est un acte de l'autorité souveraine d'un pays, acte dont la validité ne peut être discutée par aucun pouvoir étranger (1).

A cette théorie, il est facile de répondre que l'acqui-

---

(1) C'est l'application des théories du professeur Bluntschli (*Revue pratique*, t. XLI, p. 305 à 334).

sition d'une nationalité étrangère suppose, au préalable, une dénationalisation, la rupture des liens d'allégeance avec le pays d'origine. Il y a donc deux éléments dans la naturalisation : d'abord une dénationalisation qui relève de la loi du pays auquel appartient l'intéressé, puis l'admission au rang des citoyens d'un autre Etat, qui relève exclusivement des lois de cet Etat (1). Or, Mme de Bauffremont, bien que séparée de corps, n'étant pas capable, en principe, de contracter (2) sans l'autorisation de son mari ou de justice, n'avait pas pu valablement solliciter l'acquisition d'une nouvelle patrie.

Le jugement du tribunal de Charleroi a, du reste, été infirmé, le 5 août 1880, par la Cour d'appel de Bruxelles.

En dehors de la capacité requise pour perdre la qualité de Français (3), la jurisprudence exige, en outre, que l'indigénat étranger n'ait pas été demandé dans l'intention de frauder la loi française. Avant le rétablissement du divorce en France, deux conjoints mariés suivant les lois françaises se faisaient naturaliser en Suisse, sans quitter la France et dans le but de divorcer, pour se remarier ensuite. La Cour de cassation, en 1875, considéra qu'une naturalisation ainsi acquise constituait un *fraus legis* et ne pouvait pas être invoquée vis-à-vis des lois qu'on s'était proposé d'éluder (4). Le point faible de cette doctrine est la difficulté de prouver l'intention frauduleuse.

---

(1) Weiss, *Traité élémentaire de droit international privé*, édit. de 1885, page 177.

(2) Nous savons qu'elle peut seulement, à titre exceptionnel, disposer de son mobilier et l'aliéner (art. 1449, C. civ.).

(3) L'interdit ne pourrait obtenir sa dénationalisation que dans un intervalle lucide.

(4) Cogordan, page 184.

TROISIÈME PARTIE

Changement de nationalité, par annexion de territoire

L'annexion consiste dans l'incorporation de tout ou partie du territoire d'un pays au territoire d'un autre pays. Elle atteint les personnes et les biens.

Quelles sont les personnes qui subissent la dénationalisation résultant d'une cession de territoire ?

La réponse à cette question a donné naissance à plusieurs systèmes.

Les uns prétendent que l'annexion s'applique à tous les sujets de l'état cédant *domiciliés* sur le sol annexé, au jour de la cession du territoire (1). Il ne faut pas, dit-on, que les possessions d'un Etat soient habitées par des étrangers restés fidèles à leur patrie et nécessairement hostiles à l'autorité du nouveau gouvernement (2).

D'autres tiennent compte de *l'origine* seulement et ne confèrent la nationalité de l'Etat annexant qu'aux sujets *nés sur le territoire annexé*, quel que soit le lieu de leur domicile au moment de la cession. Le premier

---

(1) Nous jugeons inutile de démontrer que la dénationalisation n'atteindra jamais les *étrangers* domiciliés ou originaires.

(2) Pothier, *Traité des personnes*, part. 1, titre II, section 1re.

système rappelle, a-t-on dit, les théories de l'époque féodale où la condition de l'homme dépendait de celle de la terre. On ne cède plus une province, on cède tant d'*âmes* et subsidiairement, le pays où elles vivent. Ce système accepté et mis en vigueur par le congrès de Vienne a reçu la consécration de la cour suprême, dans un arrêt du 12 juin 1874 (1) relatif à des individus nés dans un des pays annexés à l'Empire de Napoléon Ier.

Une troisième doctrine enseigne que l'on doit considérer comme dénationalisés, à la fois les originaires et les domiciliés.

Le second système a l'avantage sur le premier de déterminer facilement les personnes atteintes par l'annexion, au moyen des actes de l'état civil, mais il a l'inconvénient de fournir à l'état annexant des sujets qui, depuis longtemps, peut-être, ont quitté le territoire cédé, n'y ont plus conservé d'intérêts ni de relations et se sont fixés définitivement en pays étranger. Quel profit un État peut-il avoir à compter ces individus au nombre de ses sujets ?

Le troisième système mérite les mêmes critiques que chacun des deux premiers.

Une théorie qui compte aujourd'hui de nombreux partisans distingue, suivant les cas.

1er Cas. — L'annexion embrasse-t-elle un territoire entier, absorbe-t-elle un Etat qui disparaît, tous les anciens sujets de cet Etat, domiciliés ou non sur le sol annexé, deviennent citoyens du pays annexant. Sinon, à quelle nationalité appartiendraient les habitants non annexés ? ce seraient des *Heimathlosen* (2).

---

(1) Cogordan, page 382. — Cet arrêt déclare qu'un individu né dans un pays annexé à l'Empire français devenait sujet de l'empereur par le fait de l'annexion, quand même il n'était pas domicilié dans le pays annexé.

(2) C'est-à-dire des gens sans patrie. Cette expression, tirée de la langue allemande, est devenue technique.

2e Cas. — On s'attachera au *domicile* seul si le territoire cédé est un fragment, un lambeau d'un Etat centralisé, d'un pays unitaire comme la France. Que l'on soit né à Dijon, à Rouen ou à Grenoble, on est né en France, on est originaire de France. Les anciennes dénominations maintenues dans la langue de Bourguignons, Normands, Provençaux ne correspondent plus à aucune distinction politique ou sociale. La différence des caractères entre les habitants des diverses régions de la France est même à peine sensible. L'annexion s'appliquera donc à tous les habitants domiciliés sur la parcelle cédée et ne comprendra pas ceux qui, nés sur le sol aujourd'hui annexé, sont établis sur une autre partie du territoire, au moment de l'annexion.

3e Cas. — On adopterait la solution inverse en se préoccupant uniquement de *l'origine* dans les Etats fédératifs, formés d'Etats confédérés mais ayant chacun un Gouvernement particulier et jouissant chacun aussi d'une autonomie plus ou moins grande. « Si, par exemple, le Hanovre, le Slesvig ou la Silésie devaient être détachés de la couronne de Prusse, il serait juste de rechercher les Hanovriens, les Slesvigeois, les Silésiens vivant dans toutes les parties de l'Empire ou à l'étranger » (1). Il en serait de même, si certains cantons étaient détachés de la Suisse (2).

A notre avis, ce troisième cas ne diffère pas du premier. Il y a absorption par un Etat d'un autre Etat qui disparaît. Logiquement, la solution doit donc être identique. Tous les anciens Hanovriens, Silésiens, Génevois, etc., domiciliés ou non domiciliés, au moment de l'annexion, deviendront citoyens de l'Etat annexant.

On reconnaît toujours, dans la doctrine et la pratique,

---

(1) Cogordan, page 323.

(2) Cauwès, note sur un arrêt de la Cour de Paris du 24 janvier 1874 (Sirey, 1875, 2, 225).

aux personnes atteintes par une cession de territoire, le droit de se soustraire, au moyen d'une *option*, au changement de nationalité qui en résulte. Mais, pour éviter que l'Etat ait sur son territoire des étrangers hostiles à sa domination, on exige que l'option, expresse ou tacite, soit accompagnée *d'émigration*.

L'exercice du droit d'option suppose la capacité de changer de nationalité. Les enfants mineurs étant censés incapables de comprendre si leur intérêt est de rester citoyens de la nouvelle patrie que l'annexion leur a imposée ou de s'en dépouiller par une option, on admet aujourd'hui que l'exercice du droit d'option devra être retardé pour eux jusqu'à leur majorité.

Quant à la femme mariée, *non séparée de corps*, comme elle n'a pas d'autre domicile que celui de son mari, elle change de patrie, en même temps que lui, au moment de l'annexion. Si elle veut recouvrer par une option sa nationalité perdue, elle devra se conformer aux lois du pays annexant, relativement à la capacité qui lui sera nécessaire pour exercer son droit. La femme et le mari pourront donc être investis, désormais, de deux nationalités différentes.

Si les époux sont *séparés de corps*, la femme ayant la faculté d'avoir un domicile distinct de celui de son mari pourra se trouver dénationalisée seule, par l'annexion, tandis que son mari continuera de rester soumis à la même allégeance. Les époux auront également, dans cette hypothèse, chacun une patrie différente (1).

De la théorie que nous venons d'étudier, passons maintenant à la pratique. Elle en diffère, parfois, très sensiblement.

---

(1) Weiss, édition de 1885, pages 217-219.

I. — Annexion pendant la Révolution et à la chute du premier Empire.

Le traité de *Campo-Formio*, du 16 octobre 1797, qui cédait les *Pays-Bas autrichiens* à la France, le traité du 9 pluviôse an VI (28 janvier 1798) qui réunissait à la France la *République de Mulhouse*, celui du 7 floréal an VI (27 avril 1798), qui annexait la *République de Genève*, déclarait Français *ipso facto*, tous les nationaux de ces pays, domiciliés ou non. La nationalité génevoise ayant disparu, le droit d'option ne se concevait pas, mais on permit aux Génevois qui ne voulaient pas demeurer Français de perdre cette qualité par une émigration faite dans l'année. Ils devaient, en outre, vendre leurs biens situés à Genève, dans le délai de trois ans. Une disposition analogue se retrouve dans les deux autres traités.

Le traité du 30 avril 1814, qui démembra l'Empire de Napoléon Ier, stipule (art. 17) que les habitants, naturels ou étrangers qui changent de maître, auront six ans pour disposer de leurs propriétés et émigrer. Ce texte, quoique muet sur la nationalité, paraît bien accorder aux habitants atteints par le démembrement de 1814 une faculté d'option *tacite* leur permettant de rester Français. Cette opinion n'a pas été partagée par le gouvernement de la Restauration qui considéra les provinces démembrées comme n'ayant jamais été incorporées à la France et exigea, par suite, une véritable naturalisation des habitants qui désiraient redevenir Français. Cependant, on tint compte des années qu'ils avaient passées sous l'allégeance française et une loi du 14 octobre 1814 leur permit de réclamer des lettres de déclaration de nationalité, avec effet rétroactif, à partir de l'époque où ils auraient dix ans de séjour en France (1).

---

(1) Weiss, édition de 1885, page 116.

II. — Annexion de la Savoie et du Comté de Nice
à la France.

Après avoir battu les Autrichiens à Magenta et à
Solférino (4 et 24 juin 1859) et délivré la Lombardie,
Napoléon III réclama aux Etats Sardes le prix de
l'assistance qu'il leur avait donnée. Le traité de Turin,
signé le 24 mars 1860, céda à la France la Savoie et
le comté de Nice.

L'art 6 (1) est ainsi conçu : « *Les sujets sardes*
» *originaires de la Savoie et de l'arrondissement de*
» *Nice,* ou domiciliés *actuellement dans ces provinces,*
» *qui entendront conserver la nationalité sarde,*
» *jouiront, pendant l'espace d'*un an *à partir de*
» *l'échange des ratifications et moyennant une décla-*
» *ration préalable faite à l'autorité compétente, de*
» *la faculté de transporter leur domicile en Italie et*
» *de s'y fixer, auquel cas la qualité de citoyen sarde*
» *leur sera maintenue* » (1).

Il résulte de ce texte que la nationalité française est
conférée de plein droit aux individus *domiciliés* sur le
territoire annexé et à tous ceux *qui y sont nés.* Les
sujets sardes qui ne veulent pas conserver la qualité de
Français imposée par le traité, doivent le déclarer
d'abord, et ensuite émigrer en Italie. Mais on s'est
montré peu rigoureux pour cette seconde condition et
on a exigé seulement l'émigration hors des territoire
annexés, en n'importe quel pays. Le délai était d'un
an, à partir du 30 mars 1860.

Le traité de Turin renferme une grave lacune : il ne
parle pas des mineurs. Ceux-ci peuvent-ils opter sépa-

---

(2) Dont nous avons déjà cité le texte plus haut, page   .

(1) Le traité de 1860 fut suivi d'un plébiscite qui donna un résultat favorable
à la France.

rément, ont-ils un droit distinct de celui de leurs auteurs ; ou bien la faculté d'option du mineur se confond-t-elle avec celle de son père, son représentant et son organe légal ? Si l'enfant a un droit personnel d'option, doit-il l'exercer maintenant, dans le délai d'un an, à compter du 30 mars 1860, ou bien l'ouverture du délai est-elle retardée pour lui jusqu'au moment où il aura atteint sa majorité ?

La question était posée, et les tribunaux allaient être appelés à la trancher quand, le 30 juin 1860, le gouvernement impérial rendit un décret incompréhensible qu'il eût mieux valu, à tous les points de vue, ne jamais publier. Ce décret préparé par un directeur incapable, ancien officier de marine, fut présenté à Napoléon III qui le signa, sans le lire.

Il contient deux articles.

Le premier concerne les sujets sardes *majeurs domiciliés*. Ils pourront, dit le décret « pendant le cours » d'une année, à compter des présentes *réclamer la* » *qualité de Français* », Le texte ajoute que leur *naturalisation* aura lieu, s'il y échet, sans formalité et sans frais sur le rapport du Ministre de la Justice.

Puisque le traité du 24 mars avait rendu Français *ipso facto* les habitants domiciliés sur les territoires cédés, comment expliquer que le décret les autorise à réclamer, par la *naturalisation*, une nationalité qui leur appartient déjà ?

Cette contradiction entre le traité et le décret n'a fait l'objet d'aucune explication plausible.

Les essais de conciliation n'ont cependant pas manqué. On a prétendu que le décret, en dénationalisant les domiciliés aussi bien que les originaires, était allé trop loin. Le décret du 30 juin revient sur ces exagérations en reconnaissant que, seuls, les originaires ont changé de patrie. D'autres ont soutenu que l'expression de *domiciliés* avait été insérée dans le texte du traité par erreur.

Ces deux interprétations constituent une véritable
hérésie juridique. Est-ce qu'un décret, acte émanant
du pouvoir exécutif, peut modifier un traité, un contrat
entre deux peuples, contrat qui participe de tous les
caractères d'une loi ?

On a dit aussi que les domiciliés dont parle le décret
du 30 juin sont des sujets sardes établis en Savoie ou
dans le Comté de Nice, dans l'intervalle qui s'est écoulé
entre le traité et le décret. Ces sujets sardes auraient
voulu, en se fixant, après l'annexion, dans les territoires cédés, partager le sort de leurs parents annexés.
Le décret aurait donc eu pour but d'empêcher que les
familles ne fussent divisées.

Une pareille explication rendrait le décret du 30 juin
illégal, inconstitutionnel, puisqu'il créerait à l'égard de
personnes non comprises dans le traité un mode spécial
de naturalisation distinct des règles contenues dans la
loi de 1849, alors en vigueur. Un décret ne peut pas
modifier une loi.

Enfin, dans un dernier système, l'auteur du décret
se serait proposé de venir en aide aux annexés impa-
tients de voir leur situation définitivement réglée et ne
voulant pas attendre l'expiration des délais d'option.
Mais les annexés n'étaient-ils donc pas devenus Français, par le traité ?

Malheureusement, ce fâcheux décret a jeté le trouble
dans la jurisprudence. Le tribunal d'Annecy (1) et la
cour de Chambéry (2) se sont laissé influencer par
l'art. 1er du décret du 30 juin qui leur a paru s'être, en
quelque sorte, substitué au traité. Les simples domiciliés seraient donc restés sujets sardes. Pourtant les
Italiens n'ont pas hésité à appliquer le traité du 24
mars, bien qu'il ne leur fût pas favorable.

---

(1) Jugement du 9 juillet 1874 (Dalloz).
(2) Arrêt du 4 mai 1875.

Le second article du décret s'applique aux *mineurs originaires* et s'exprime ainsi : « Les sujets sardes
» encore *mineurs, nés en Savoie et dans l'arrondis-*
» *sement de Nice*, pourront, dans l'année qui suivra
» l'époque de leur majorité, *réclamer* la qualité de
» Français, en se conformant à l'art. 9 du Code Na-
» poléon ».

L'art. 6 du traité de Turin déclarait Français, sous la
condition résolutoire d'une option pour la Sardaigne,
tous les originaires des pays annexés. Comment donc
les mineurs originaires pouvaient-ils avoir à réclamer
une qualité qu'ils avaient déjà ?

Ici, encore, les essais d'interprétation n'ont pas fait
défaut. On a dit que le décret, par respect pour la volonté des mineurs, abrogeait, à leur égard l'article 6 du
traité. On a dit aussi qu'il leur permettait de revenir
sur une option pour la nationalité italienne, témérai-
rement faite. Ces deux explications qui consacreraient,
l'une et l'autre, une illégalité, sont purement arbitraires.

La France et l'Italie ont cru, cependant, par un
accord intervenu en 1874, devoir appliquer l'article 2
du décret, dans l'hypothèse d'un enfant né, en Savoie
ou à Nice, d'un père *originaire des provinces italiennes*, non cédées à la France, étant donné que cet
enfant, encore mineur, avait son domicile en Italie, au
moment de l'annexion. On le considéra comme resté
Italien, à défaut d'une option explicite. L'enfant, en
effet, avait pu naître pendant un voyage de ses parents,
pendant un séjour momentané en Savoie ou à Nice. Il
parut bizarre que des jeunes gens nés dans des provinces qui étaient alors italiennes et élevés ensuite en
Italie invoquassent la qualité de Français pour se soustraire au service militaire, sous prétexte que le pays où
ils étaient nés avait été, plus tard, annexé à la France.

L'accord de 1874 semble fondé en équité ; mais il ne
constitue pas une dérogation *légale* au traité de 1860 que
les tribunaux pourraient continuer à appliquer à la lettre.

En dehors du cas prévu par l'accord de 1874, il n'y avait donc pas lieu de chercher dans le décret soi-disant explicatif, la solution de la·question de savoir si le mineur avait un droit personnel d'option et à quel moment il pouvait l'exercer.

Sur cette question, les tribunaux n'ont pas été d'accord. Le tribunal de Saint-Jean-de-Maurienne déclara qu'un Savoisien mineur lors du traité avait pu valablement opter, dans le délai fixé par l'art. 6, avec l'autorisation de son père qui, lui, était resté Français (1). Mais la Cour de Chambéry réforma le jugement, en décidant que *le droit d'option devait, pour le mineur, se confondre avec celui du père de famille, son représentant et son organe légal* (2). Peu de temps après, en 1865, la Cour d'Aix se prononça également dans ce sens.

La théorie des Cours de Chambéry et d'Aix mettait les mineurs dans l'impossibilité d'user de la faculté d'option; elle était, en outre, contraire au principe que tout changement de nationalité suppose un acte personnel et une indépendance complète. La Cour de cassation de Turin a déclaré que le délai d'option ne devait courir, pour les mineurs, qu'à compter de leur majorité. Cette solution, excellente en théorie, est contraire aux termes du traité qui permettaient, sans distinction entre les majeurs et les mineurs, d'opter, pendant un an, *à partir de l'échange des ratifications du traité.* A défaut d'un texte formel, la doctrine du tribunal de Saint-Jean-de-Maurienne, bien que peu satisfaisante, nous semble encore avoir été la moins mauvaise.

Le traité de 1860 ne parle pas des femmes mariées. On leur a permis d'opter individuellement, avec l'autorisation de leur mari (3).

_____

(1) Jugement du 3 juillet 1862 (Dalloz, 63, 2, 98).

(2) Arrêt du 22 décembre 1882 (Sirey, 63, 2, 113).

(3) Un an environ après l'annexion du comté de Nice, le prince de **Monaco**

III — Cession par la France de l'Alsace et d'une partie de la Lorraine à l'Empire allemand.

Nous avons vu plus haut que deux textes se réfèrent aux Alsaciens-Lorrains atteints par l'annexion : l'art. 2 du traité signé à Francfort, le 10 mai 1871, et l'art. 1er de la convention additionnelle du 11 décembre suivant.

L'art. 2 du traité déjà cité, page 40, s'exprime ainsi : « Les sujets français *originaires* des territoires cédés, » *domiciliés* actuellement sur ces territoires, qui en- » tendront conserver la nationalité française, jouiront, » jusqu'au 1er octobre 1872 et moyennant une *décla-* » *ration préalable* faite à l'autorité compétente, de la » faculté de *transporter leur domicile en France* et » de s'y fixer, sans que ce droit puisse être altéré par » les lois sur le service militaire, auquel cas la qualité » de citoyens français leur sera maintenue ».

Ce texte diffère de l'art. 6 du traité de Turin. Ce ne sont pas les originaires même non domiciliés, et les domiciliés même non originaires qui deviennent Alle-mands, ce sont les citoyens français *à la fois origi-naires et domiciliés*.

Cette situation relativement favorable fut malheureu-sement modifiée par l'art. 1er de la convention addition-nelle du 11 décembre qui prorogea le délai d'option d'une année, *pour tous les originaires domiciliés hors de l'Europe*. C'était reconnaître, contrairement à l'art. 2 du traité, que les originaires même non domiciliés ne pouvaient conserver, sans option, la nationalité fran-

---

céda à la France la commune de *Menton* et de *Roquebrune* (Convention du 2 février 1861).

Les sujets monégasques *originaires* de Menton et de Roquebrune *et* y *do-miciliés* qui voulaient conserver leur nationalité avaient un délai d'un an, à compter de l'échange des ratifications du traité, pour se fixer dans la prin-cipauté et conserver ainsi leur nationalité monégasque.

çaise (1). Le Gouvernement français se résigna à accepter cette interprétation (2).

La France était fondée à croire que les *domiciliés non originaires* qui n'étaient compris ni dans les termes du traité du 10 mai, ni dans ceux de la convention additionnelle du 11 décembre, seraient regardés, sans difficulté, comme Français, par les Allemands. C'était un peu trop compter sur la bonne foi de nos ennemis.

Une circulaire de M. de Moeller, Président supérieur de l'Alsace-Lorraine, déclara, le 7 mars 1872, que les *natifs domiciliés* et les *originaires non domiciliés* étaient seuls tenus d'opter ; mais les *domiciliés non originaires* devaient émigrer comme les autres, avant le 1ᵉʳ octobre 1872, pour conserver la nationalité française. Le cabinet de Berlin approuva cette ordonnance et le chargé d'affaires allemand, le comte d'Arnim, expliqua, dans une lettre du 1ᵉʳ septembre 1872, à M. de Rémusat, que le Gouvernement impérial avait considéré, dès le principe, comme Allemands, par le fait même de la cession de l'Alsace et de la Lorraine à l'Allemagne, les habitants français de ces pays, sans que cet effet dût même être constaté expressément, par le traité de paix.

Cette déclaration faite un mois seulement avant l'expiration du délai d'option causa une surprise désagréable à beaucoup de personnes qui, simplement domiciliées en Alsace-Lorraine, n'eurent pas le temps d'opter pour la nationalité française.

On aurait compris que le Gouvernement allemand expulsât les Français domiciliés. Cette mesure, un État peut toujours la prendre envers des étrangers, en vertu de son droit de souveraineté ; mais qu'on les déclarât Allemands au mépris du traité, parce qu'ils avaient

---

(1) Voir plus haut, page 83.

(2) Voir page 41, le texte de la circulaire de M. Dufaure aux Préfets.

conservé leur domicile en Alsace-Lorraine depuis l'annexion, voilà ce que la France ne voulut jamais admettre. Le conflit fut rendu public par une note insérée au *Journal officiel*, le 14 septembre 1872. Les Français simplement domiciliés en Alsace-Lorraine au moment de l'annexion et qui n'ont pas émigré à temps, ont donc maintenant deux nationalités.

Le traité subordonne la validité de l'option au *transfert du domicile en France*. Comme dans la cession de la Savoie et du comté de Nice, on ne prit pas ces mots à la lettre. L'Allemagne elle-même se contenta d'une émigration n'importe où. Mais, d'un autre côté, les autorités allemandes annulèrent souvent comme fictives, des options pour la France, avec transfert de domicile suivi d'un prompt retour dans les pays annexés.

Le traité de Francfort ne contient aucune disposition relative aux mineurs et aux femmes mariées.

Jusqu'à la dernière loi sur la *nationalité*, du 26 juin 1889, on avait toujours considéré en France le changement de nationalité comme absolument personnel à celui qui l'obtenait (1).

La législation allemande associe *ipso facto* les enfants mineurs et la femme au changement de patrie obtenu ou subi par le chef de famille.

Un conflit sur ce point était donc possible en 1871 entre la France et l'Allemagne.

Pour l'atténuer, une circulaire du 30 mars 1872, émanant du Ministre de la Justice, en France, recommanda aux femmes mariées d'opter individuellement, quand même leur option serait considérée en Allemagne comme comprise implicitement dans celle de leurs maris.

---

(1) Nous avons vu que la loi de 1889 attribue de plein droit aux mineurs la qualité de Français conférée à leur père. Au contraire, la femme mariée et les enfants majeurs conservent leur nationalité d'origine s'ils n'ont pas demandé personnellement à devenir Français.

Quant aux mineurs, les plénipotentiaires français s'efforcèrent d'obtenir que le délai d'option fût reculé, poureux, jusqu'à leur majorité. Leurs efforts n'obtinrent aucun succès. Mais le gouvernement allemand reconnut que les mineurs pourraient *valablement opter avec l'assistance de leurs représentants légaux* (1).

Le Gouvernement français crut alors que les mineurs Alsaciens-Lorrains auraient la faculté d'opter personnellement, avec l'assistance de leurs pères ou tuteurs qui, eux, demeuraient Allemands.

Il se trompait encore. De quel poids pouvait être aux yeux de nos ennemis l'accord intervenu, la parole engagée ? La victoire ne leur avait-elle pas donné tous les droits ?

Le 16 mars 1872, le Président supérieur d'Alsace-Lorraine prit une décision aux termes de laquelle « les » *mineurs non émancipés* ne peuvent opter ni par eux-» mêmes, ni par l'intermédiaire de leurs représentants » légaux, à moins que ceux-ci n'optent aussi pour » eux-mêmes. Si leurs parents sont encore en vie, ils » suivent de droit la nationalité du père. La disposition » qui précède s'applique aussi aux *mineurs émancipés*, » s'ils sont *nés en Alsace-Lorraine*. Les mineurs » émancipés qui ne sont pas nés en Alsace-Lorraine » sont, en ce qui concerne le droit d'option, assimilés » aux majeurs. »

Mieux aurait valu dire, fait observer M. Cogordan (2), qu'on retirait aux mineurs le droit d'option qui leur avait été formellement reconnu par les plénipotentiaires de l'Empire, à la conférence de Francfort.

Aux réclamations du Gouvernement français les Allemands ont répondu que le Gouvernement impérial avait cru devoir laisser aux mineurs la position que

---

(1) Circulaire ministérielle de M. Dufaure (30 mars 1878).
(2) Page 373.

leur accorde, en France, l'art. 108 du Code civil, d'après lequel *le mineur non émancipé a son domicile chez ses père et mère ou tuteur.*

Si le père n'opte pas pour lui-même et reste en Alsace, le mineur ne peut pas satisfaire à la condition imposée aux optants, de transférer leur domicile en France, puisqu'il n'a pas d'autre domicile que celui de son père.

L'argument était habile, car il retournait notre législation contre nous. Mais alors pourquoi avoir refusé un droit personnel d'option aux mineurs *émancipés nés en Alsace-Lorraine*, puisque l'émancipation permet aux mineurs d'avoir un domicile spécial ? On a objecté aussi que ce n'était pas du domicile légal dans le sens donné à ce mot par le Code civil français que parlait l'art. 2 du traité de Francfort, mais plutôt d'une véritable *émigration.*

C'est, en effet, une émigration réelle et sincère qui a été exigée par le Gouvernement allemand, comme nous l'avons vu plus haut (1).

Nous n'insisterons pas sur cette objection qui nous parait spécieuse. L'émigration emporte nécessairement transfert du domicile, c'est-à-dire du principal établissement. Nous nous contenterons de faire observer que le Code civil français n'était pas plus en jeu que la loi allemande. Il s'agissait d'une *convention.* Le Gouvernement allemand avait-il ou non reconnu aux mineurs (sans distinction) une faculté *personnelle* d'option ? Toute la question était là.

Les mineurs non émancipés et les mineurs émancipés nés en Alsace-Lorraine, qui ont opté pour la France avec l'assistance de leur père, de leur mère ou de leur tuteur sont donc Français en France, Allemands en Allemagne.

_____

(1) Cogordan, page 376.

IV. — Rétrocession de l'île de Saint-Barthélemy à la France.

L'île de Saint-Barthélemy avait été cédée à la Suède en 1784, par Louis XVI. La rétrocession à la France eut lieu en 1877 (1). On consulta d'abord la volonté des habitants au moyen d'un plébiscite qui, sur 351 votants, donna 350 voix en faveur de la France. Le protocole du 31 octobre 1877 signé quelques mois après le traité (2), attribue la nationalité française à tous les sujets *domiciliés* dans l'île, *sans tenir compte de l'origine*. En outre, il suspend jusqu'à la majorité des an-. nexés l'exercice de leur droit d'option, et c'est de la majorité française qu'il s'agit, non de la majorité suédoise. On reconnaissait donc à l'annexion un effet immédiat de dénationalisation.

Cette convention peut être citée comme un modèle.

---

(1) Malgré une longue séparation, elle avait conservé les mœurs et la langue françaises.

(2) Celui-ci est du 10 août 1877.

TABLE DES MATIÈRES

TROISIÈME PARTIE.

Changement de nationalité par annexion de territoire.

www.ingramcontent.com/pod-product-compliance
Lightning Source LLC
Chambersburg PA
CBHW052156090426
42741CB00010B/2288